渡江和解放南京

张宪文 等著

南京出版传媒集团
南京出版社

图书在版编目（CIP）数据

渡江和解放南京 / 张宪文等著 . -- 南京：南京出版社，2021.4

（南京稀见文献丛刊）

ISBN 978-7-5533-3230-7

Ⅰ . ①渡… Ⅱ . ①张… Ⅲ . ①南京解放（1949）—史料 Ⅳ . ① K266.9

中国版本图书馆 CIP 数据核字（2021）第 051673 号

丛 书 名：南京稀见文献丛刊
书　　名：渡江和解放南京
作　　者：张宪文 等
出版发行：南京出版传媒集团
南 京 出 版 社

社址：南京市太平门街53号　　邮编：210016
网址：http://www.njcbs.cn　　电子信箱：njcbs1988@163.com
联系电话：025-83283893、83283864（营销）　025-83112257（编务）

出 版 人：项晓宁
出 品 人：卢海鸣
责任编辑：杨传兵　严行健
装帧设计：王　俊
责任印制：杨福彬

排　　版：南京新华丰制版有限公司
印　　刷：南京工大印务有限公司
开　　本：890毫米×1240毫米　1/32
印　　张：3.75
字　　数：72千
版　　次：2021年4月第1版
印　　次：2021年4月第1次印刷
书　　号：ISBN 978-7-5533-3230-7
定　　价：25.00元

用微信或京东APP扫码购书

用淘宝APP扫码购书

总　序

南京是我国著名的七大古都之一，又是国务院首批公布的24座历史文化名城之一。有将近2500年的建城史，约450年的建都史，号称“六朝古都”“十朝都会”。南京的地方文献是中华历史文化资源的一个重要组成部分，是研究我国政治、经济、军事、文化和民风民俗的重要资料。为了贯彻落实党的十九大精神和习近平新时代中国特色社会主义思想，配合南京的经济发展与城市建设，深度挖掘历史文化资源，做好历史文献整理出版工作，不仅有利于传承、弘扬南京历史文化，提升南京品位，扩大南京影响力，也有利于推动物质文明、政治文明、精神文明、社会文明、生态文明协调发展。

长期以来，南京地方文献还没有系统地整理出版过，大量的南京珍贵文献散落在全国各地的图书馆和民间。许多珍贵的南京文献被束之高阁，无人问津，有的随着岁月的流逝而湮没无闻。广大读者想要查找阅读这些散见的地方文献，费时费力，十分不便。为开发和利用好这一祖先留给我们的文化瑰宝，充分发挥其资治、存史、教化、育人功能，南京出版传媒集团（南京出版社）与南京市地方志编纂委员会办公室组织了一批专家和相关人员，致力于搜集整理出版南京历史上稀有的、珍贵的经典文献，并把“南京稀见文献丛刊”精心打造成古都南京的文化品牌和特色名片。为此，我们在内容定位上是全方位、多视角地展示南京文化的深层内涵和丰富魅力；在读者定位上是广大知识分子、各级党政干部以及具有中等以上文化程度的人；在价值定位上，丛书兼顾学术研究、知识普及这两者的价值。这套丛书的版本力求是国内最早最好的版本，点校者力求是南京地方文化方面的专家学者，在装帧设计印刷上也力求高质量。

总之，我们力图通过这套丛书的出版，扩大稀见文献的流传范围，让更多的读者能够阅读到这些文献；增加稀见文献的存世数量，保存稀见文献；提升稀见文献的地位，突显稀见文献所具有的正史史料所没有的价值。

“南京稀见文献丛刊”编委会

导 读

1979年10月，是新中国建立30周年，上海人民出版社为了纪念这一光辉的节日，拟组织出版一套革命小丛书。其中一卷为渡江和解放南京。上海人民出版社将这一撰写任务交给了中共南京市委宣传部，又转给了南京大学历史系。恰好那时我们历史系教师从溧阳果园农场锻炼回城不久，招收的学生不多，教学任务较轻，因此，我们愉快地接受了写作任务。

当时，出版社规定每部小册子五六万字。字数虽然不多，但是写作却不容易。渡江战役和解放南京，是中国民主革命重大的历史事件，它震动了全世界。要写好这部著作，必须掌握大量史料，这恰是我们的弱点。为此，我们南大历史系中国近现代史教研室组织了编写班子，由王荣先、张宪文、杨振亚、朱宝琴和宗瑞娣五位教师参加。市委宣传部路哲和沈嘉荣也参与。我们都在南京生活、工作逾25年以上，对南京城市及周边历史和面貌，已有较深的了解，唯独对这场轰轰烈烈的大战役深度了解不多。

历史学研究，首先要掌握大量第一手原始材料，这是写好著作的基础。我们花了很多时间，分工赴各地搜集档案文献材料、图片、访问军政要员和重要的民间人士。

南京是国民政府首都，是国民党的政治中枢，政治力量错综复杂。中国共产党在这里也设有地下党组织，其力量深入到了学校和工厂，有不少共产党员和外围势力。我们访问了中共南京地下党书记陈修良同志（女）和党的主要干部朱启銮、刘峰等同志。他们向我们提供了许多重要材料。为了了解当时学运、工运情况，我们走访各方人士和赴档案馆查找文献史料。

这部书的主要采访对象，是人民解放军的领导干部。解放南京的主要部队是第35军。是时，军长吴化文（山东济南解放时的起义将领）已病故。我们赴杭州访问了原军政委何克希，以及在浙江省军区和舟山东海舰队访问了第35军几位原师长和政委。

为了解渡江战役准备情况和战役实施过程，我们访问了安徽有关部门和原有关部队干部。花了数月时间，完成写作。毕竟我们掌握史料欠缺，写的不深入，也不丰满。渡江战役和南京解放，已经过去七十余年，这部小册子供读者们参考吧！

南京大学荣誉资深教授　张宪文

2021年3月15日

目　录

引 言

天翻地覆慨而慷

“一唱雄鸡天下白”。一九四九年四月二十三日，人民解放军占领南京，南京城在革命中获得了新生。

南京是我国历史名城。它位于长江下游，倚山临水，地势险要，向有“钟山龙蟠，石城虎踞”之称。在古代南京曾是数代封建王都。近代以来，太平天国以南京为“天京”，与清朝封建势力和外国侵略者英勇斗争了十余年。辛亥革命时，以孙中山先生为首的资产阶级革命派，又把南京作为临时首都。

一九二四至一九二七年，中国共产党领导中国人民进行了轰轰烈烈的反帝反封建的大革命运动，后来由于国民党右派的叛变革命和陈独秀右倾机会主义路线的危害，使这次大革命运动终于失败了。一九二七年四月十八日，蒋介石在帝国主义的支持下，在南京成立了代表大地主、大资产阶级的“国民政府”，建立了国民党的统治。从此，南京就成了蒋介石发动内战的指挥中枢和大本营。

在中国共产党和毛泽东同志的领导下，中国人民进行了艰苦卓绝的、反对国民党统治的人民解放战争。一九四六年七月至一九四八年六月，中国人民解放军经过两年的英勇作战，粉碎了国民党的全面进攻和重点进攻，从而使自己由防御转入了反攻。一九四八年九月到一九四九年一月，中国人民解放军又取得了辽沈、淮海、平津三大战役的伟大胜利，给国民党政府以毁灭性地打击，解放了东北、华北和长江下游以北的广大地区，并以锐不可当之势，直逼国民党政府统治中心——南京。国民党政府已经危在旦夕。

但是，国民党政府是不会甘心失败的。为了挽救其灭亡的命运，他们又施展了反革命的两手。一手是在长江以南及西南、西北地区继续组织残余军事力量，进行武装抵抗，据守长江天险，作垂死挣扎；另一手是重新玩弄“和平”阴谋，以求苟延残喘，卷土重来。一九四九年一月一日，蒋介石发表了一篇“求和”声明，企图利用“和谈”，争取时间，重新扩充军队，以便伺机反扑。

国民党政府的“和平”阴谋，使得资产阶级的一部分产生了动摇。他们提出了“南北朝”的主张，即共产党在长江以北，国民党在长江以南，隔江而治，要我们不要再打下去。

是将革命进行到底，还是使革命半途而废呢？这个问题尖锐地摆在我党和全国人民面前。为了回答这个关键问题，毛泽东同志于一九四九年元旦发表了《将革命进行到底》一文，及时地揭露了国民党政府的假和平、真内战的政治阴谋，号召全党全军全国人民将革命进行到底，提出了“打过长江去，解放全中国”的战斗号召。

遵照毛泽东同志的伟大号召，我国人民决心以武装夺取民主革命的彻底胜利。为此，中央军委部署了渡江战役，在沿江北岸开展了广泛的练兵运动，积极准备百万雄师渡长江，用武力摧毁国民党的统治。

与此同时，为了彻底揭露国民党政府的政治阴谋，中共中央和毛泽东同志于一九四九年一月至四月间发表了一系列评论和声明，提出了八项和平条件，作为和平谈判的基础。蒋介石为了摆脱困境，在美帝国主义的授意下，于一月二十一日宣告“引退”，转入幕后指挥，由李宗仁①代理“总统”。李宗仁上台后，假意接受八项和平条件。四月一日，中国共产党代表团和国民党政府和平谈判代表团在北平开始谈判。经过半个月的谈判，拟定了国内和平协定（最后修正案），提交国民党政府。四月二十日，国民党政府拒绝在和平协定上签字。这样，我党就粉碎了国民党的“和平”阴谋。

四月二十一日凌晨，毛泽东同志和朱德同志发布战了《向全国进军的命令》，早有准备的中国人民解放军第二野战军和第三野战军开始了渡江作战。我百万雄师在西起湖口（九江以东）东至江阴，长达五百多公里的战线上，兵分三路，强渡长江天堑。中路首先突破敌人在安庆至芜湖间的防线，西路在贵池至马垱间渡江，东路对敌镇江至江阴间防线猛攻，击溃了敌人的反扑与堵击，争取了国民党江阴要塞守敌起义。四月二十三日，我人民解放军胜利解放了南京。我军所到之处，敌人望风披靡，人民欢声雷动。

南京解放，宣告了国民党政府统治的灭亡，标志着几千年来的封建压迫和一百多年来的帝国主义压迫已被彻底推

---

① 李宗仁先生于一九六五年七月二十日由海外回到北京。毛泽东主席接见他时说：“你们回来，很好，欢迎你们。”李宗仁先生于一九六九年二月在北京逝世。

渡江战役纪念馆“千帆竞渡”雕像

翻，从根本上改变了整个中国历史的发展方向。这是天翻地覆的大事。整个世界，除了帝国主义者和各国反动派外，对于中国人民的这一伟大胜利，无不欢欣鼓舞。

毛泽东同志接到解放南京的捷报后，挥笔写下了《七律·人民解放军占领南京》的诗篇，并用电报发至前线。这一光辉诗篇，高度概括了南京解放的伟大历史意义，抒发了人民欢庆胜利的喜悦心情，发出了继续战斗的伟大号召。中国人民解放军和英雄的南京人民，遵照毛泽东同志“宜将剩勇追穷寇”的指示，奋勇前进，踏上了新的战斗征程。

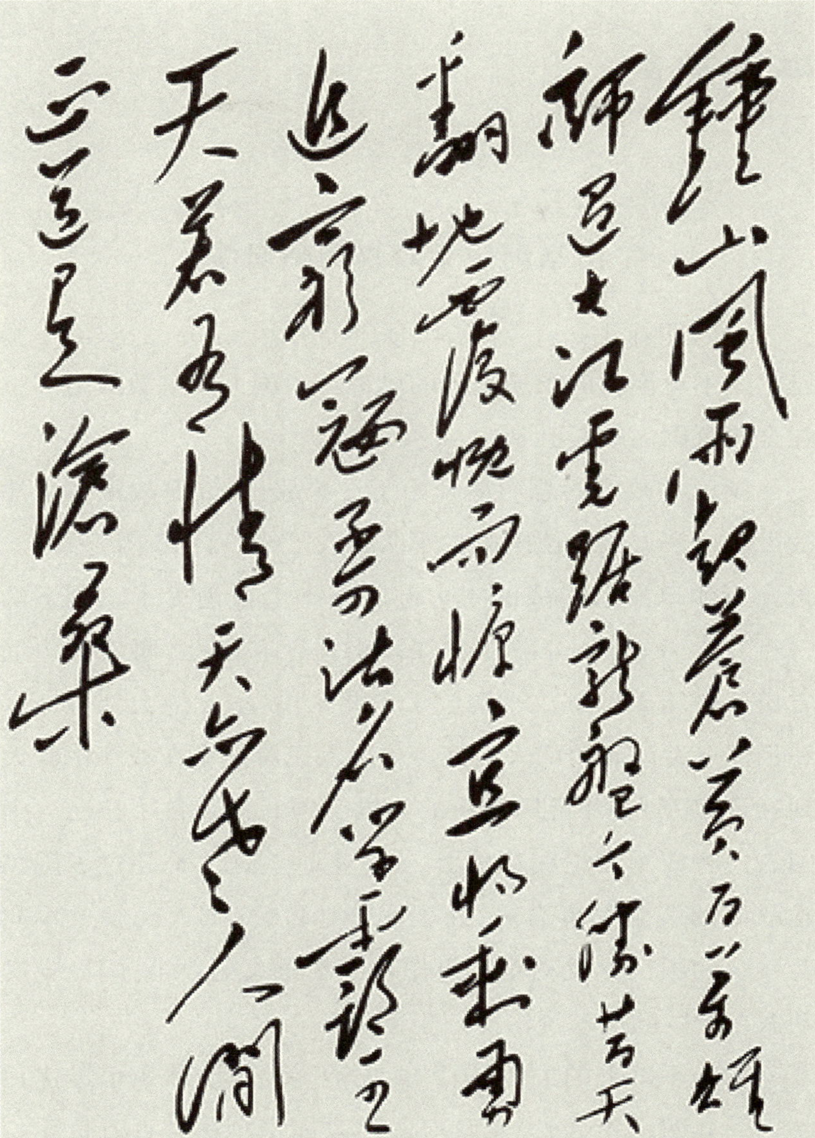

《七律·人民解放军占领南京》

渡江准备

南京国民党政权濒临崩溃

一九四八年底，国民党政府在军事上、经济上、政治上都已陷入不可挽救的土崩瓦解的境地。中国人民解放战争即将在全国范围内取得胜利。

国民党政府的总崩溃开始于辽沈战役、淮海战役和平津战役。这三大战役使国民党军队丧失了约一百五十四万人。蒋介石赖以发动内战的主力部队基本上被消灭了。剩下的一百几十万军队，分散在长江以南地区和西北、西南等边远省份。中国人民解放军解放了东北全境、华北绝大部分地区和长江下游以北的广大地区。中国人民解放军在战斗中壮大到三百多万人，并且用缴获的大批美国武器装备了自己。中国人民解放军无论在数量上、士气上、装备上，都超过了国民党政府的残余军事力量，处于优势地位，只要人民解放军向着残余的国民党反动军队再作若干次重大的攻击，国民党反动派在全国的反动统治即归于覆灭。

随着军事上的失败，国民党统治区的经济体系也迅速瓦解。一九四八年，国民党政府的财政赤字高达九百万亿元。为了弥补财政赤字，他们大量发行钞票，促使物价直线上升。从一九四八年八月到一九四九年四月，南京物价上涨达十万倍以上。在这种情况下，民族工商业无法维持正常的生产和营业，纷纷倒闭歇业。市场上商品奇缺，因而抢购物资、囤积居奇、哄抬市价、黑市交易，层出不穷，人民生活困苦不堪。同时，广大农村在国民党政府压迫下，濒于破产。繁重的租赋和抽丁抓夫，使农村田园荒芜，农民无力从事再生产，农业生产已到了山穷水尽的地步。国民党政府为了挽救经济上的危机，进一步搜刮人民的财富，进行内战，推行所谓“币制改革”和“限价政策”。国民党政府发行了二十亿金圆券，以金圆券一比法币三百万的比价收兑法币，并限期收兑人民的黄金、白银和美钞；限制各地物价，冻结在一九四八年八月十九日的水准上。但是，由于国民党统治区日益缩小，财政来源枯竭，财政赤字不断增长，金圆券迅速贬值。一九四八年十一月十一日，国民党政府被迫公布“修改金圆券发行办法”，宣布金圆券的发行额不以二十亿元为限。结果，金圆券发行量飞速上升，十一月底超过了三十亿元，十二月超过了八十亿元；到一九四九年三月，超过了一千九百亿元，四月又超过了五万一千六百亿元了。同时，由于强制“限价”，一切交易转入黑市，抢购风潮不断出现，在黑市交易中，物价迅速飞涨。国民党政府被迫宣布取消“限价”。这样一来，物价更加猛烈地上涨，出现了一天数涨的情况。上海市的物价，以一九四八年八月为标准，十一月涨了二十五倍多，十二月涨了三十五倍多，一九四九年一月涨了一百二十八倍，三月涨到四千多倍，四月涨到八万三千八百多倍。南京市物价，仅几种日常用品（米、纱布、肥皂等），一九四八年全年平均上涨八百八十倍以

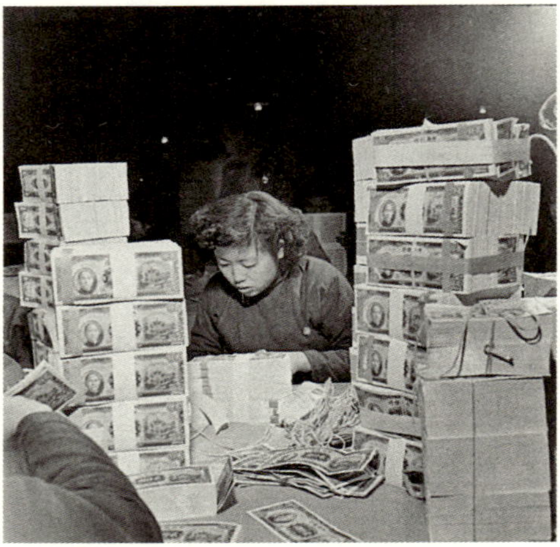

国统区通货膨胀

上。国民党统治区的人民处于水深火热之中，挣扎在死亡线上。据不完全统计，南京在一九四八年九月，无业失业者有三十七万人，到解放前夕增至五十万人以上。各地人民的反内战、反迫害、求生存的斗争，此伏彼起，给国民党政府的统治以很大威胁。

这时，蒋介石统治集团已众叛亲离，四分五裂，已至不能维持的地步。毛泽东同志指出："蒋介石已经失了灵魂，只是一具僵尸，什么人也不相信他了"。蒋介石的亲信们忙于疏散家属，转移财产，不告而别，纷纷逃离南京，就连蒋介石自己，也指使宋美龄在美国继续购置房产，准备逃亡美国。蒋介石的谋士和死党戴季陶、陈布雷，因政治上绝望而自杀。国民党内部的派系斗争也更加激烈了，这突出地表现为蒋介石和桂系军阀李宗仁、白崇禧之间的矛盾。由于美国眼看蒋介石的地位日趋孤立，便物色桂系首领李宗仁充当其代理人。当时，桂系军阀还保有实力，而蒋介石的嫡系部队则大部已被歼殆尽，因而桂系军阀的地位大大提高了。蒋介石及其亲信深恐丧失地位，十分忌恨桂系。蒋介石于一九四八年六月初解除了白崇禧的国防部长的职务，后来又迫于桂系的实力，勉强改任白崇禧为“华中剿总司令”。白崇禧为了逼蒋下台，一九四八年十二月二十五日，向蒋介石提出了“和平解决”的要求。当时在白崇禧操纵下的国民党湖北省参议会致电蒋介石，要蒋介石“恢复和谈”。蒋桂矛盾日趋尖锐。国民党政府的统治，面临着全面崩溃的危机。

将革命进行到底

这是毛泽东同志在一九四八年十二月三十日为新华社写的一九四九年新年献词《将革命进行到底》的书影。

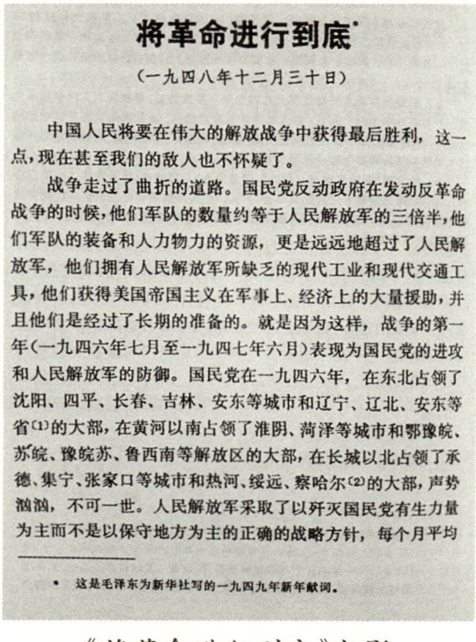

将革命进行到底*

（一九四八年十二月三十日）

中国人民将要在伟大的解放战争中获得最后胜利，这一点，现在甚至我们的敌人也不怀疑了。

战争走过了曲折的道路。国民党反动政府在发动反革命战争的时候，他们军队的数量约等于人民解放军的三倍半，他们军队的装备和人力物力的资源，更是远远地超过了人民解放军，他们拥有人民解放军所缺乏的现代工业和现代交通工具，他们获得美国帝国主义在军事上、经济上的大量援助，并且他们是经过了长期的准备的。就是因为这样，战争的第一年（一九四六年七月至一九四七年六月）表现为国民党的进攻和人民解放军的防御。国民党在一九四六年，在东北占领了沈阳、四平、长春、吉林、安东等城市和辽宁、辽北、安东等省[1]的大部，在黄河以南占领了淮阴、菏泽等城市和鄂豫皖、苏皖、豫皖苏、鲁西南等解放区的大部，在长城以北占领了承德、集宁、张家口等城市和热河、绥远、察哈尔[2]的大部，声势汹汹，不可一世。人民解放军采取了以歼灭国民党有生力量为主而不是以保守地方为主的正确的战略方针，每个月平均

* 这是毛泽东为新华社写的一九四九年新年献词。

《将革命进行到底》书影

尽管国民党政府的统治已经临近末日，可是，蒋介石仍在进行垂死挣扎，妄图凭借长江天险，抵挡中国人民解放军的胜利进军。然而，美国和国民党政府很清楚，由于军事上的失败，继续用军事力量已阻挡不住中国人民解放军渡江南下。蒋介石的亲信汤恩伯曾哀叹说："从湖口到上海共七百九十公里，只有十八个军，光靠军队防守是不够的。"因此，他们就一天比一天地重视用政治斗争的方法来阻止中国革命的前进。他们装作一副可怜的样子，重又施展"和谈"花招，企图阻滞人民解放军向长江以南进军。一九四九年元旦，蒋介石发表了"求和"声明，提出的谈判条件是：他亲手制订的宪法"不能因此而破坏"，"中华民国的国体能够确保"，"中华民国的法统不致中断"，"军队有确实的保障"……一句话，就是要继续保持国民党政府的统治。显然，这样的"和谈"只是一种阴谋，是为了进行和平欺骗，争取喘息时间，重新组织力量，以便卷土重来，扑灭革命。

一月八日，国民党政府照会美、英、法、苏四国政府，要求干涉中国内战，遭到四国政府拒绝。美国政府在一月十二日答复国民党政府的"备忘录"中，说明美国之所以拒绝国民党政府的要求，是因"殊难相信""能达到任何有益的效果"。就是说，美国当时已感到再也无力挽救它所扶植的蒋介石政权的灭亡。这时，美国便企图利用某些既同国民党政府有联系，又同革命阵营内部有联系的人们，在革命阵营内部组织反对派，以便保存反动力量，破坏革命。这些革命阵营内部的反对派，就是一些民族资产阶级的右翼分子。他们幻想走"中间道路”。他们中间有的人暗中勾结美国，依靠地方军阀势力，妄想在中国实行欧美式的资产阶级宪政；有的人大搞军事投机，计划编练几十万军队，企图在长江以南霸占一方，捞取政治资本；有的人标榜为“自由主义人士”，对美国抱有幻想，对国民党政府表示同情，要求人民接受蒋介石的“和平”，同他举行政治协商会议，成立联合政府。

在这种形势下，是打过长江去，解放全中国，将革命进行到底，还是就此止步，使革命半途而废？这个问题尖锐地摆在全党和全国人民面前。在这个紧要关头，毛泽东同志写了一九四九年新年献词《将革命进行到底》。针对敌人的阴谋活动和革命阵营内部一小部分人的政治思想动向，毛泽东同志在文中强调指出：“敌人是不会自行消灭的。无论是中国的反动派，或是美帝国主义在中国的侵略势力，都不会自行退出历史舞台。”毛泽东同志号召中国人民必须将革命进行到底，那就是“用革命的方法，坚决彻底干净全部地消灭一切反动势力，不动摇地坚持打倒帝国主义，打倒封建主义，打倒官僚资本主义，在全国范围内推翻国民党的反动统治，在全国范围内建立无产阶级领导的以工农联盟为主体的人民民主专政的共和国”。毛泽东同志坚定地表示，“中国人民决不怜惜蛇一样的恶人”，指出：“人民解放战争愈接近于最后胜利，一切革命的人民和一切人民的朋友将愈加巩固地团结一致，在中国共产党的领导之下，坚决地主张彻底消灭反动势力，彻底发展革命势力，一直达到在全中国范围内建立人民民主共和国，实现统一的民主的和平。”“这里是要一致，要合作，而不是建立什么反对派，也不是走什么‘中间路线’。”毛泽东同志庄严宣告：“一九四九年中国人民解放军将向长江以南进军，将要获得比一九四八年更加伟大的胜利。”

为了彻底粉碎蒋介石的“和平”阴谋，毛泽东同志于一九四九年一月五日发表了《评战犯求和》的评论，一月十四日又发表了《关于时局的声明》。毛泽东同志在评论和声明中，进一步揭露和批判了蒋介石的“和平”建议的虚伪性和反动性，同时声明：虽然中国人民解放军具有充足的力量和充足的理由，确有把握，在不要很久的时间之内，全部地消灭国民党政府的残余军事力量；但是，为了迅速结束战争，实现真正的和平，减少人民的痛苦，中国共产党愿意和南京国民党政府及其他任何国民党地方政府和军事集团，在下列条件的基础之上进行和平谈判。这些条件是：（一）惩办战争罪犯；（二）废除伪宪法；（三）废除伪法统；（四）依据民主原则改编一切反动军队；（五）没收官僚资本；（六）改革土地制度；（七）废除卖国条约；（八）召开没有反动分子参加的政治协商会议，成立民主联合政府，接收南京国民党政府及其所属各级政府的一切权力。彻底实现这八项条件，将完全打碎国民党政府的国家机器，粉碎其妄图保存残余军事力量伺机反扑的险恶阴谋。如果国民党政府拒绝这些条件，那就完全暴露了他们的和平欺骗。

毛泽东同志的评论和声明致命地击破了蒋介石的假和平阴谋。为了摆脱困境，蒋介石不得不以“因故不能视事”的名义，于一月二十一日宣告“引退”，进行幕后指挥，由“副总统”李宗仁代理“总统”,继续玩弄“和平”阴谋。

渡江战役的伟大决策

我党在开展政治斗争的同时,积极进行渡江和解放南京的军事部署和作战准备。

早在一九四八年十月十一日,毛泽东同志在《关于淮海战役的作战方针》中就指示华东野战军:“你们以十一、十二两月完成淮海战役。明年一月休整。三至七月同刘邓协力作战,将敌打至江边各点固守。秋季你们主力大约可以举行渡江作战。”

根据中央军委和毛泽东同志的指示,由刘伯承、邓小平、陈毅、粟裕、谭震林五同志组成的总前委,于一九四八年十二月十七日淮海战役第二阶段结束后,在安徽省萧县东南的蔡凹,召开了总前委会议,研究了渡江作战的部署和部队整编方案。

按照总前委的部署,在国民党黄维兵团被歼灭以后,中原野战军一方面作为歼灭国民党杜聿明集团的总预备队,等候命令;一方面集结于宿县、蒙城、涡阳一线进行整编工作,并进行渡江准备。华东野战军在最后歼灭了杜聿明集团以后,也转入整训、整编,进行渡江作战的全面准备。

一九四九年一月八日,当淮海战役即将胜利结束时,党中央召开了政治局会议。会议分析了形势,确定了党在一九四九年的任务是解放长江以南地区,召开中国人民政治协商会议,成立中华人民共和国。

为了贯彻党中央政治局会议精神，中共中央中原局和华东野战军前委，于一月中旬，分别在商丘和贾汪召开了扩大会议，传达了党中央政治局会议的精神，研究了一九四九年的作战任务，要求各级党政、军机关正视困难，积极完成渡江准备工作。一月底，中共中央华东局召开扩大会议，决定迅速动员十五万兵员补充主力部队，并从老解放区调训一万五千名干部，以配合接管各大城市，建立党政机关。

二月初，总前委再次召开会议，遵照毛泽东同志关于集中第二野战军（原中原野战军）和第三野战军（原华东野战军），在长江下游发起渡江作战，夺取京沪杭，摧毁国民党政府统治的政治、经济中心，解放东南地区和准备对付美国可能的军事干涉的指示，研究了渡江作战的具体部署。会后，全军立即投入各项准备工作。

二月八日，毛泽东同志为中共中央军委写了给第二、第三野战军的指示，要他们加紧整训，准备渡江作战，提出了把军队变为工作队的方针。

二月中旬，第三野战军在贾汪召开了第二次扩大会议，参加会议的同志学习了城市工作政策和新区农村工作政策，检查和进一步部署了渡江作战的准备工作。

为了彻底摧毁国民党政府统治，迅速取得民主革命的胜利，并且把革命继续推向前进，由民主革命转变为社会主义革命，一九四九年三月五日至十三日，中国共产党在河北省平山县西柏坡村，召开了第七届中央委员会第二次全体会议。毛泽东同志在会上作了极为重要的报告，提出了促进革

炮兵部队在曹老集车站待命开赴渡江前线

命迅速取得全国胜利和组织这个胜利的各项方针。毛泽东同志指出，今后消灭国民党残余军队不外天津、北平、绥远三种方式，并着重指出用战斗去解决敌人，例如解决天津的敌人那样，仍然是我们首先必须注意和必须准备的。毛泽东同志号召人民解放军指战员决不可稍微松懈自己的战斗意志，但同时也应看到，按照北平方式或绥远那样的和平方式解决问题的可能性是增加了。这是一种斗争方式，要求我们注意和学会这种斗争方式，和反革命遗迹、反革命政治影响作斗争。毛泽东同志还指出，人民解放军永远是一个战斗队，同时又是一个工作队。为了彻底打碎国民党反动国家机器，建立人民政权，必须准备把二百一十万野战军全部地化为工作队，以适应全国革命形势的发展。毛泽东同志又说明了在全国胜利的局面下，党的工作重心必须由乡村移到城市，指示党和军队，必须用极大的努力去学会管理城市和建设城市，要全心全意地依靠工人阶级，学会同帝国主义者、国民党和资产阶级做各种形式的斗争，并动员一切力量迅速地恢复和发展生产。所有这些，集中到一点，就是将革命进行到底，彻底消灭国民党反动派，争取民主革命迅速在全国胜利，为转变为社会主义革命创造条件。毛泽东同志在报告中还规定了党在全国胜利以后，在政治、经济、外交方面应当采取的基本政策，以及使中国由农业国转变为工业国，由新民主主义社会转变为社会主义社会的总的任务和主要途径。

为贯彻执行党中央和毛泽东同志关于向长江以南进军的任务，中央军委决定由以邓小平同志为书记的总前委，统一领导和部署渡江作战，一俟国民党政府拒绝签订和平协定，即率第二、第三野战军共二十四个军九十三万人，在第四野战军和中原军区部队配合下发起渡江作战。三月十八日，邓小平、陈毅两同志参加党的七届二中全会后，回到总前委驻地合肥，向第二野战军和第三野战军的干部传达了全会的内容，进一步研究了渡江作战问题。

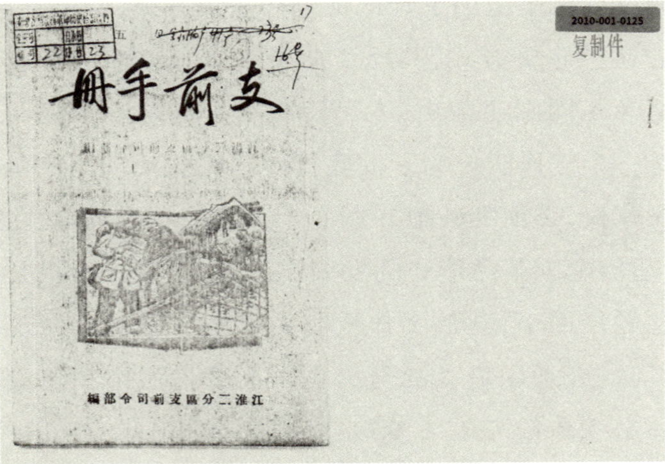

支前手册（江淮二分区支前司令部编）

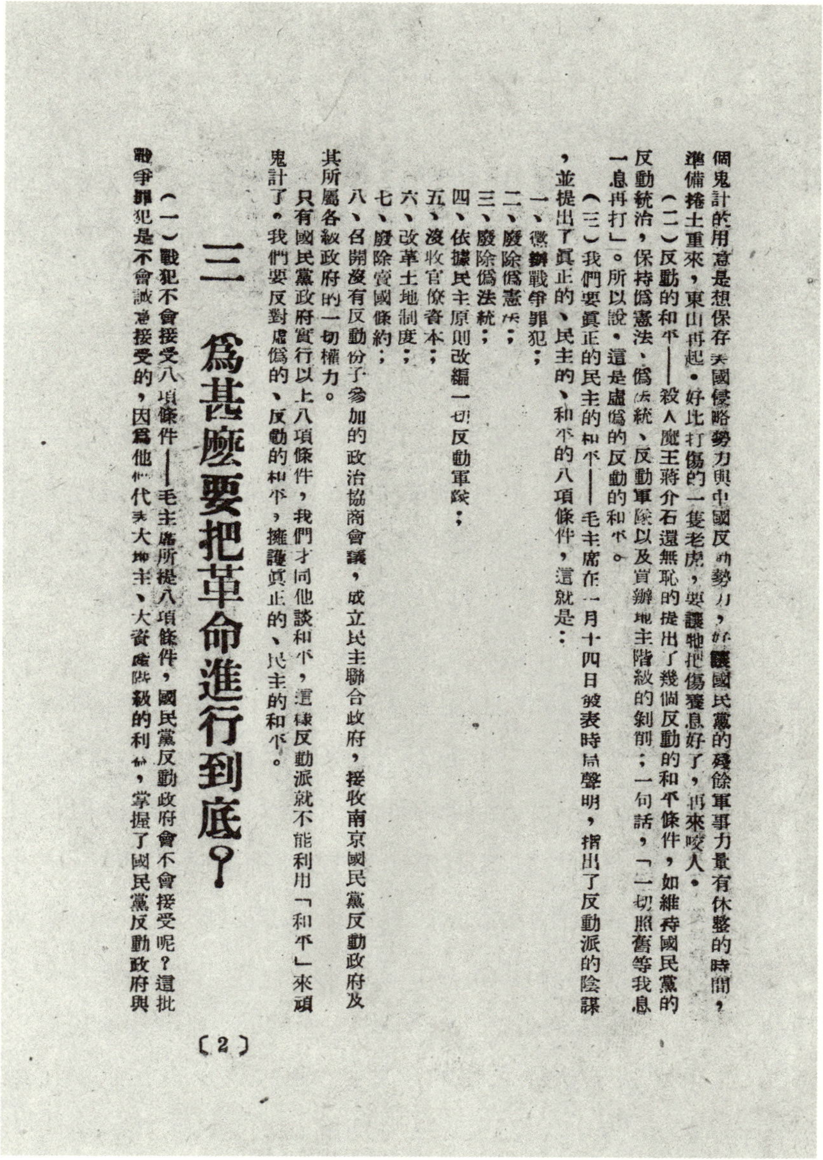
個鬼計的用意是想保存美國侵略勢力與中國反動勢力，好讓國民黨的殘餘軍事力量有休整的時間，準備捲土重來，東山再起。好比打傷的一隻老虎，要讓牠把傷養息好了，再來咬人。

（二）反動的和平——殺人魔王蔣介石還無恥的提出了幾個反動的和平條件，如維持國民黨的反動統治，保持偽憲法、偽法統、反動軍隊以及買辦地主階級的剝削；一句話，「一切照舊等我息一息再打」。所以說，這是虛偽的反動的和平。

（三）我們要真正的民主的和平——毛主席在一月十四日發表時局聲明，指出了反動派的陰謀，並提出了真正的、民主的、和平的八項條件，這就是：

一、懲辦戰爭罪犯；
二、廢除偽憲法；
三、廢除偽法統；
四、依據民主原則改編一切反動軍隊；
五、沒收官僚資本；
六、改革土地制度；
七、廢除賣國條約；
八、召開沒有反動份子參加的政治協商會議，成立民主聯合政府，接收南京國民黨反動政府及其所屬各級政府的一切權力。

只有國民黨政府實行以上八項條件，我們才同他談和平，這樣反動派就不能利用「和平」來頑鬼計了。我們要反對虛偽的、反動的和平，擁護真正的、民主的和平。

三 為甚麼要把革命進行到底？

（一）戰犯不會接受八項條件——毛主席所提八項條件，國民黨反動政府會不會接受呢？這批戰爭罪犯是不會誠意接受的，因為他們代表大地主、大資產階級的利益，掌握了國民黨反動政府與

〔2〕

中共华东一地委宣传部编印的动员小册子

蒋介石为了阻挠我军渡江，早在他“引退”前就把国民党京沪警备总司令部扩大为京沪杭警备总司令部，由汤恩伯任总司令，统一指挥苏浙皖三省和赣东地区的军事。又派朱绍良为福州绥靖公署主任，张群为重庆绥靖公署主任，余汉谋为广州绥靖公署主任，陈诚兼台湾警备司令。这样，蒋介石虽然表面上“引退”了，但实际上仍然能以国民党总裁的地位，总揽党政军大权，在幕后操纵一切。蒋介石离开南京时，还对其亲信打气说：“我们还有长江以南及西南广大地区……一定可以转败为胜”。他还拟定了一个作战计划，妄想利用“和谈”，争取三个月到六个月的时间，在长江以南重新编练二百个师，使国民党正规军重新扩充到三百五十万到五百万人。他“引退”后不久，又于一月二十五日在溪口召见何应钦、顾祝同、汤恩伯等，策划了关于长江布防问题。决定把长江防线分为两大战区：从湖北宜昌至江西湖口以西由白崇禧指挥，其兵力有四十个师约二十五万人；湖口以东到上海由汤恩伯指挥，其兵力有七十五个师约四十五万人，其中直接担任江防的有五十二个师，以二十二个师控制浙赣线，以四至五个军作为机动部队，并且配备一百七十八艘舰艇，二百三十余架飞机协力防守长江下游。会后，蒋介石派人把作战方案送白崇禧，令其迅速执行，但将湖口以东的具体作战方案对白保密，这也反映了蒋桂之间的矛盾。当时，蒋介石在京沪杭地区的作战计划是：以长江防线为外围，以京沪杭三角地带为重点，以淞沪为核心，采取持久防御方针，最后坚守淞沪，与台湾相呼应。他们想以优势海空军从台湾支援淞沪，然后在美国的支援下待机反攻。根据这个计划,国民党政府在长江以南层层设防,积极备战。

三月三十一日,我总前委根据中央军委的指示,结合敌人的江防情况,拟定了《京沪杭作战实施纲要》,规定了我军渡江作战和解放京沪杭地区的具体部署。

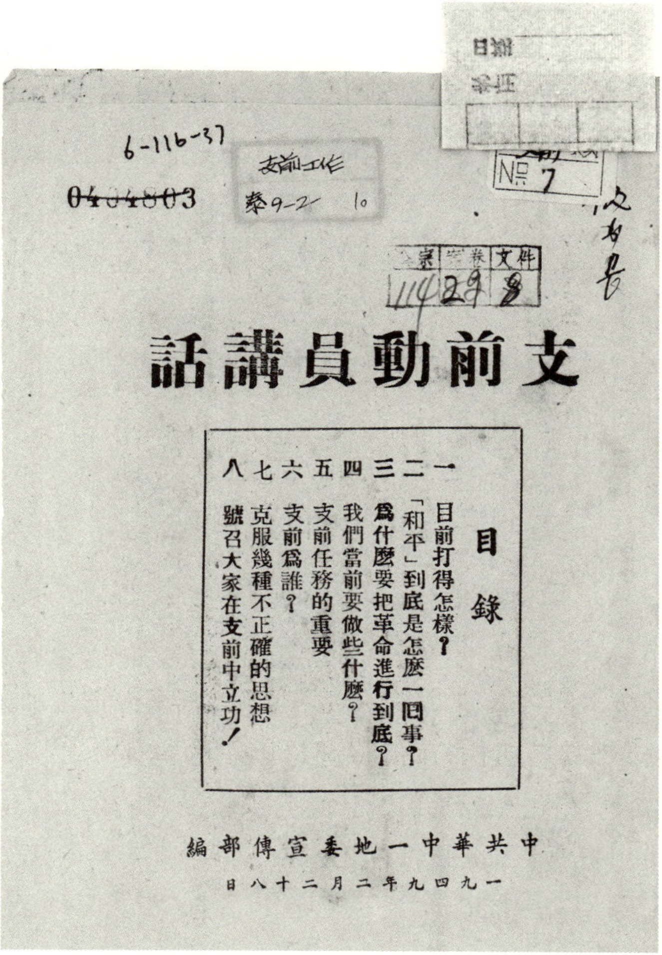
支前動員講話

目錄

一 目前打得怎樣？
二 「和平」到底是怎麽一回事？
三 爲什麽要把革命進行到底？
四 我們當前要做些什麽？
五 支前任務的重要
六 支前爲誰？
七 克服幾種不正確的思想
八 號召大家在支前中立功！

中共華中一地委宣傳部編
一九四九年二月二十八日

支前动员讲话书影

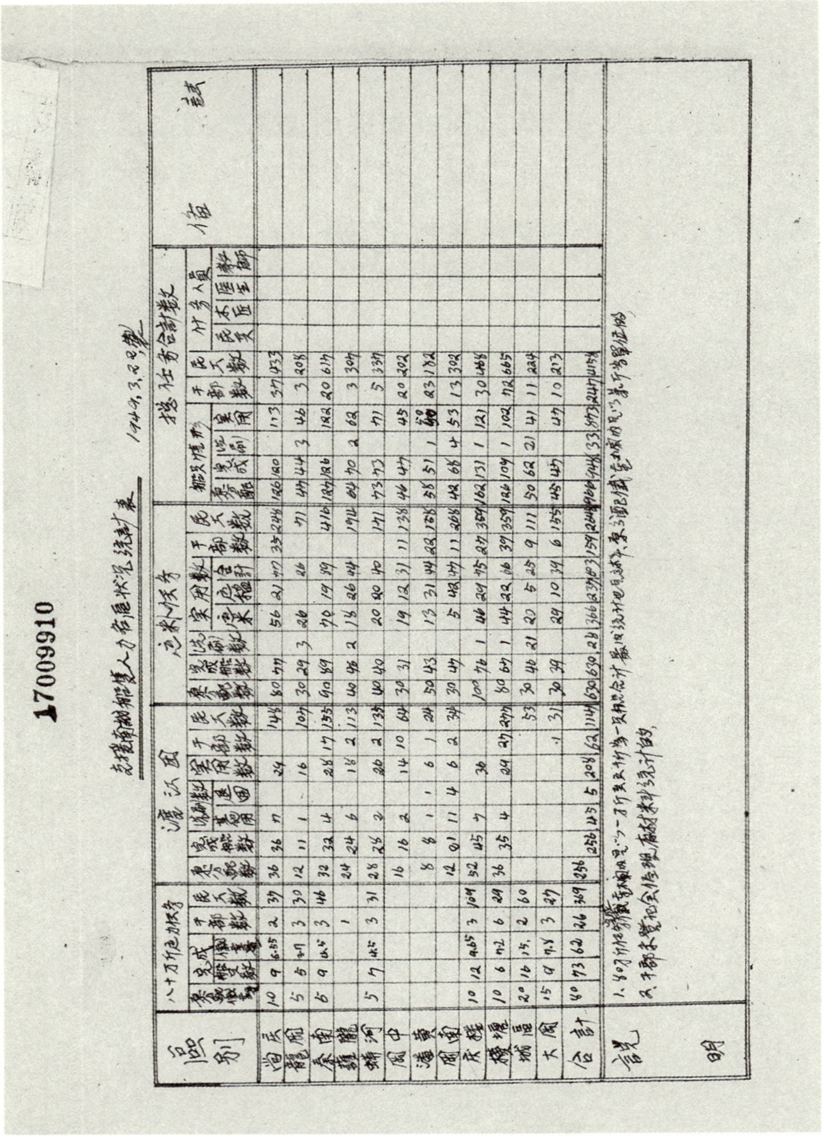

17009910

支援南线船只人力状况统计表　1949.3.28 製

区别	八十万斤运力任务					渡江团							运粮任务								总任务合计数										备注
	分配数	完成船只数	吨位数	干部数	民夫数	分配数	完成船数	流动数 其他用	流动数 退回	实用数	干部数	民夫数	分配数	完成船数	流动数	实用数 运米	实用数 运稻	实用数 合计	干部数	民夫数	船只情形 分配	完成	流动	实用	干部数	民夫数	随行人员 民兵	木匠	医生	教师	
尚庆	10	9	6.55	2	37	36	36	7		24		148	80	77		56	21	77	35	248	126	120		113	37	433					
龙凤	5	5	3.7	3	30	12	11	1		16		107	30	29	3	26		26		71	47	44	3	46	3	208					
秦南	5	9	4.5	3	46	32	32	4		28	17	135	90	89		70	19	89		416	127	126		122	20	617					
雍龙				1		24	24	6		18	2	113	40	46	2	18	26	44		194	64	70	2	62	3	307					
靖河	5	7	4.5	3	31	28	28	2		26	2	135	40	40		20	20	40		171	73	73		71	5	337					
凤中						16	16	2		14	10	64	30	31		19	12	31	11	138	46	47		45	20	202					
潘黄						8	8	1	1	6	1	24	50	43		13	31	44	22	158	58	51	1	50	23	182					
凤南						12	21	11	4	6	2	34	30	47		5	42	47	11	268	42	68	4	53	13	302					
庆楼	10	12	9.65	3	109	52	45	7		36			100	76	1	46	29	75	27	359	162	131	1	121	30	488					
横塘	10	6	7.2	6	29	36	35	4		29	27	277	80	67	1	44	22	66	39	359	126	104	1	102	72	665					
城区	20	16	15.	2	60							53	30	46	21	20	5	25	9	111	50	62	21	41	11	224					
大凤	15	9	7.8	3	27						1	31	30	39		29	10	39	6	155	45	47		47	10	213					
合计	40	73	62	26	369	256	256	45	5	208	62	1144	630	630	28	366	237	603	154	2648	966	948	33	873	247	4158					

说明：
1、[illegible]
2、[illegible]

某支前总队部支援南线船只人力状况统计表

在这之前，我第二野战军和第三野战军分别由安徽阜阳地区和江苏徐淮地区进抵长江北岸，并不断向江边推进，扫除了敌人设在长江北岸的枞阳、仪征、三江营等据点十余处，并攻占了多处江心洲，歼敌一部。这样，除了江北敌人固守的几处较大的据点外，我百万雄师已与敌人隔江相峙，敌人的江防阵地已置于我军的直接攻击之下。

万众一心筹船只

我军抵达长江北岸后，进一步展开了渡江作战的一系列准备工作。

要渡江，必须有船。筹集船只、训练水手就成了胜利渡江的先决条件。本来沿江一带有许多靠船为生的船户，国民党政府害怕解放军渡江，强迫他们把船只拉到南岸，或者破坏后沉入江里，因此，沿江的船户为了躲避国民党军的迫害，纷纷将自己的船划出长江，在湖泊里装上泥土沉下去，人也四出逃避。我军到达江边时，没有船只和水手，也没有造船的工具和器材，要克服这个困难，必须依靠和发动群众，就地解决。为了迅速地搜集船只，我军各单位分别建立了船舶管理委员会，积极协同皖北、苏北地方人民政府，四处访问，向群众宣传我党我军的政策，号召大家支援人民解放军渡过长江，最后消灭国民党政府。于是，长江北岸的人民群众掀起了积极支援人民解放军渡江的热潮。许多船户自动地把隐藏的船只从内河的芦苇丛中划出来，献给自己的军队；有些船户，急忙抢修破船，供解放军使用；有的还为人民解放军赶制了

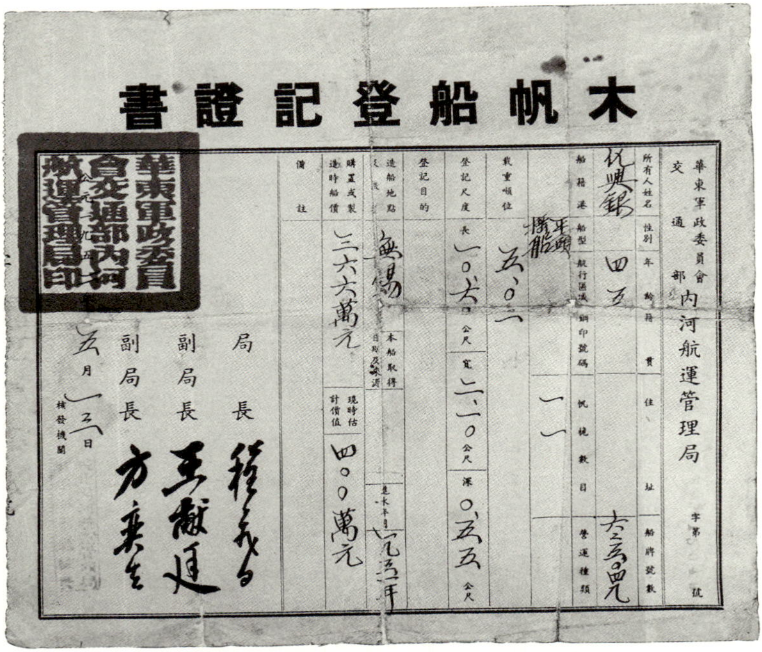

木帆船登記證書

華東軍政委員會交通部內河航運管理局 字第 號

所有人姓名 倪興銀
性別
年齡 四五
籍貫
住址
船牌號數 六三六四
船籍港
船型 平頭撐船
航行區域
鋼印號碼
帆桅數目
營運種類
載重噸位 五.〇二
登記尺度 長 一〇.六〇公尺 寬 二.一〇公尺 深 〇.五五公尺
登記目的
造船地點 無錫
本船取得日期及來源
造成年月 一九四二年
購置或製造時船價 三六六萬元
現時估計價值 四〇〇萬元
備註

華東軍政委員會交通部內河航運管理局印

局長
副局長
副局長

五月一三日
核發機關

木帆船登记证书

渡江部队和船工们一起检查木船的质量，了解每一只船的抗风浪能力

解放军代表在船工宣誓大会上讲话:“只要把我们送过长江,保证歼灭敌人,解放江南人民。”

新船。我军广大指战员也积极配合船民打捞湖泊中的沉船,进行修补。至四月初,全军已筹集了各种船只达二万余只。根据船户分散收集、统一分配、集中训练的原则,基本上满足了需要。此外,广大人民群众还组织了巨大的车船运输队和随军担架,修复了公路、铁路、桥梁,架设了长途电话线等。据不完全统计,支援的民工达三百二十多万人。苏北解放区人民提出了“要人有人,要船有船,要粮有粮”的口号,克服种种困难,筹集了大量船只、粮食、柴草和各种副食品。仅苏北、皖北两区筹集并运到前线的粮食就有三亿四千多万斤;山东妇女赶制的军鞋就有二百万双,保证了我军渡江作战的需要。

为了避免敌机轰炸破坏,我军在各起渡点附近修筑了船舶停泊所,船只都隐蔽在这些内河湖塘里。当渡江的日子临

民工运送船只

近的时候，迫切需要解决如何迅速把船只翻过江堤，引入长江的问题。因为船只停泊在内湖，与长江之间相距数里或十数里，中间还隔着高大的江堤。有人提出将木船从陆地运到江边，然后翻过大堤运到江里，可是，这个办法困难很多。因为每个起渡都集中了百多只大小木船，从陆地上运行十多里，还要翻过江堤，不仅人力、物力和时间都不允许，而且会损坏船只，更重要的是，这种办法极易过早暴露作战意图，影响战斗。经过充分讨论，修筑引河的办法被采纳了。这是一项浩大的工程，也是一项紧急的战斗任务。在华阳镇、枞阳镇、运漕镇等地，我两大野战军的战士夜以继日地投入了挖掘引河的战斗，经过十多天，引河终于挖成了。在渡江作战的前夕，把所有的船只陆续通过引河驶到江边，严阵以待，准备渡江。

群策群力大练兵

有了船还要有人去驾驶，训练水手成为刻不容缓的紧急任务。

我军广大指战员阶级觉悟高，战斗意志旺盛，尤其是经过休整，确立了将革命进行到底、打过长江去、解放全中国的决心和信心。但是，我军指战员中很多是北方人，不识水性，过去善于山地和平原作战，没有水上作战的经验，因此学会水上作战也是保证胜利渡江的一个重要问题。为了解决这个问题，我军除组织指战员“看水”，请船老大和南方同志“讲水”外，部队还立即展开了一场广泛的群众性的水上练兵运动。广大指战员在“人人学泅水，个个当水手”的战斗口号激励下，不论白天黑夜，不顾风吹雨打，加强练习，决心要把水

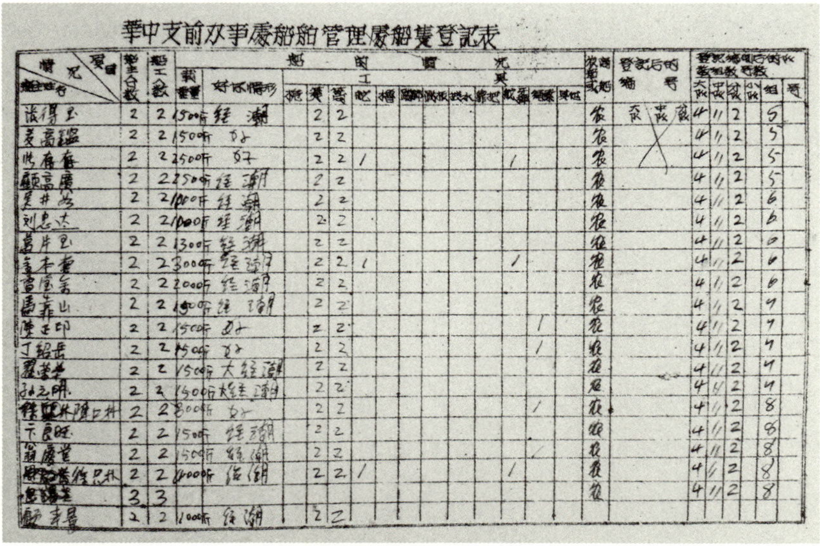

华中支前办事处船舶管理处船只登记表

渡江前向船户做动员

上作战的本领学到手，争当渡江作战的突击队员。指战员们首先练习划船，从晕船和怕颠簸，逐渐到行动自如，不晕船、不迷失方向。然后进行实际演习，如夜间航渡，登陆突破，水上射击等。卫生员演习水上救护，通讯员演习水上通讯联络。在短短的时间里，广大指战员迅速熟悉了水性，涌现了大批能驾驶船只的新水手。他们在训练中，从难从严要求，不怕水冷，整天在水中扑腾。

与此同时，还动员了大批船工、渔民参战。各部队以生动活泼的方式对他们进行了形势教育，使他们打消了各种顾虑，认识了渡江作战对解放全中国的重大意义。通过教育，船工们提高了觉悟，纷纷表示："誓把大军送过江去"，"有船在，就有我人在，我人在，就保证送你们过江"，要争取"渡江第一船"的光荣称号。

在水上训练的基础上，以船为单位，编成新的战斗组织，每只船上有指挥员，有政治工作人员，有战士，还有民工水手，组成一个集体，共同战斗。各大小船只又编成突击、火力、运输等船队。

要迅速渡过长江，以最快的动作扑上长江南岸敌人的阵地，还必须缩短船只在江面上航行的时间，提高船速。可是，部队筹集的船只多为民船和渔船，一张帆，两支桨，顺风驶得快，逆风行得慢。怎样才能使船只加快速度呢？在部队里广泛开展军事民主，人人献计献策，个个搞发明创造。在讨论中，有人建议用木板做桨，一人一桨，一只船上同时用许多桨划，来加快船速；有的提出干脆用铁锹代替桨来划，这样就更方便了，这些办法在水上训练中，经过试验证明，可以加快船

解放军向船工学习撑船技术

为加快渡江速度，解放军某部在自造木艇上装置马达

速，但许多指战员并不以此为满足，仍然日夜不离船，摸索改进桨舵的装置。有位战士提议在木船上安装轮叶，人坐在舱里用手摇，轮叶转动，速度可以大大加快。这个办法得到大家的赞扬。两天后，一只装有新式推进器的土轮船安装成功了，经过试验，效果很好，航速每小时十四里，横渡长江一次最多只要二十分钟。全军立即掀起了改造船只的热潮。

要渡江到达南岸，就要突破国民党军队设置的江防。这就必须掌握沿江敌情、地形、水情等。因此，我军进抵江边后，普遍开展了全面的侦察活动。广大指战员分别进行了实地观察和调查研究，并派出侦查分队先期偷渡过江，了解敌情。我中路大军派出加强的侦察支队——第二十七军侦察营，在四月六日，由荻港附近先期偷渡过江，在江南游击队的配合下，将敌情及时地用各种方法送给我军，胜利完成了光荣的侦察任务。经过侦察得知，这一段长江南岸由于江水长年冲刷，变得陡峭了，不便于部队登陆，而且敌人把战壕修在陡峭的江岸上，在江岸中腰设有炮眼，用火炮控制着江面。虽然江滩渡口是理想的登陆场，但敌人在那里特别加强了防御，筑有密集的地堡群，架设了铁丝网。怎样才能突破敌人江岸的火网，突进到敌人阵地中去？指战员们反复研究，决定步炮协同作战，充分发挥我军炮兵的威力，在突破口，要用大炮打得敌人抬不起头来，使敌人阵地上烟雾弥漫，工事倒塌，便于我军渡江登陆。部队登陆后，立即向敌后纵深插入，站稳脚跟后，再回头消灭沿江敌人，把我军登陆的背水战，变成敌人的背水战。就这样，各部队经过侦察，基本弄清了敌人的布防情况、工事构筑及沿江地形，掌握了长江水情及潮汛规律，为各部队拟定具体的渡江登陆作战方案，提供了可靠的根据。

粉碎敌人的“和平”阴谋

假和平真备战的双簧戏

一九四九年一月十四日，毛泽东同志在关于时局的声明中，提出了和平谈判的八项条件。这八项和平条件提出后，解放区军民、国民党统治区人民和各民主党派一致表示拥护。解放区人民还画了拥护毛泽东同志提出的八项和平条件的宣传画。

但是，国民党政府却不顾全国人民的意愿，继续玩弄假和平花招，妄图苟延残喘。

一九四九年一月二十二日，李宗仁代理国民党政府“总统”职务。在蒋介石“备战求和”的指使下，他发表声明宣称：“中共方面所提八条件，政府愿即开始商谈”，还表示“自今以后，政府工作目标在集中于争取和平之实现”。当日，国民党行政院会议决议：特派邵力子、张治中、黄绍竑、彭昭贤、钟天心五人为“和平谈判”代表。一月二十六日，国民党政府发言人在声明中竟威胁说：“中共方面如不即时指派代表，约定地点，又不停止军事行动，而竟诿诸所谓北平完全解放以后，岂非拖延时间，延长战祸？”又一次发动了“和平”攻势。一月二十八日，中共发言人指出，南京国民党政府既然同意以我们的八个条件为双方谈判的基础，就必须做谈判的准备，

“我们正在同各民主党派、人民团体和无党派民主人士，包括在我们区域的和你们区域的都在内，商量战争罪犯的名单问题，准备第一个条件的具体内容。”并指出，南京国民党政府必须立即逮捕一批战争罪犯，特别是蒋介石，“务必迅即逮捕该犯，毋令逃逸”。为什么要这样做呢？因为“只要战争罪犯们还存在，就只会延长战争时间，加重人民痛苦”。中共发言人在谈话中还宣布，根据毛泽东主席一月十四日声明，中国共产党正在和傅作义将军等按照八个条件和平地解决北平问题，“这就不但替和平谈判准备了地点，而且替解决南京、上海、武汉、西安、太原、归绥、兰州、迪化、成都、昆明、长沙、南昌、杭州、福州、广州、台湾、海南岛等地的和平问题树立了榜样”。

中共发言人的谈话，戳穿了国民党政府空喊“和谈”的虚伪性。于是，国民党中的死硬分子又大肆鼓噪起来。国民党行政院院长孙科于二月五日自动宣布“迁政府于广州”。二月六、七两日，他在广州两次发表谈话，反对李宗仁关于以中共所提八项和平条件作为谈判基础的声明，说是“现政府已迁穗办公，吾人应对过去重新检讨”，又说“中共所提出之惩治战犯一节，即系绝对不能接受者”。二月九日，国民党国防部政工局长邓文仪在上海发表《和平与战争的发展》的书面谈话，即所谓“四项意见”：一、“政府要和”；二、“中共要战”；三、“北平局部和平成了骗局”；四、“不惜牺牲一切，与共党周旋到底”。这些国民党的死硬分子，还要求所谓“平等的和平，全面的和平”。其实，他们的目的是要取消和平，妄想再战;他们深怕像北平局部和平的活动蔓延起来不可收拾。二月十三日,国民党中央宣传部发给“各党部各党报”的《特别宣传指示》上说:“政府与其无条件投降,不如作战到底。”“毛泽东一月十四日声明所提八点为亡国条件,政府原不应接受。”又说,一定要惩办战争罪犯,“则和平商谈之途径,势难寻觅”。二月十六日,毛泽东同志在《国民党反动派由“呼吁和平”变为呼吁战争》一文中严肃指出:“请问国民党的英雄好汉们,你们为什么要反对惩办战犯呢?你们不是愿意‘缩短战争时间’‘减轻人民痛苦’的吗?假如因为你们这一反对,使得战争还要打下去,岂非拖延时间,延长战祸?”又指出:“你们是‘以拯救人民为前提’的大慈大悲的人们,为什么一下子又改成以拯救战犯为前提了呢?”毛泽东同志一针见血地指出:“这些口口声声,‘以拯救人民为前提’的人们,在自己‘呼吁和平’几个星期之后,又不再是‘呼吁和平’而是呼吁战争了。”

但是,国民党政府既没有什么诚意实行“全面和平”,也没有什么力量实行全面战争,因此,李宗仁只好拉住一部分人,继续进行其“和平”攻势。李宗仁几次去上海活动,决定由颜惠庆、章士钊、江庸等三人组成“上海人民和平代表团”,邵力子以私人资格,前往北平,“与中共当局交换意见”。二月十四日颜惠庆等四人飞抵北平。他们在北平期间,向北平市长、军管会主任叶剑英提出“希望中共即推派正式代表并定期和谈”。二十二日,他们由北平去石家庄,受到了毛泽东同志和周恩来同志的接见。毛泽东同志和周恩来同志向他们表

国民党和谈代表

示，将于三月十五日左右决定中共和谈代表人选及和谈地点等问题，并且就和谈问题同他们广泛交换了意见。这个代表团于二十七日返回南京。他们在南京机场发表书面谈话说："同人等深觉和谈前途虽困难尚多，而希望甚大。"

在此"和平"攻势的掩护下，国民党政府加紧进行战争准备。一月二十六日，蒋介石自奉化亲自写信给在南京、上海的国民党军事、政治、党务、特务首领，命令他们必须作战到底。李宗仁据此命令国民党首都卫戍总司令部，作防守南京的计划，并令国民党国防部拨款构筑防御工事。二十九日，国民党国防部参谋总长顾祝同对国民党军队发出密令称："吾人为求捍卫国家民族及党与军队之生存，应下最大决心，与之（指中共）誓不两立，坚决从事长期自救、自卫与救民之战争。"白崇禧于二月四日将该密令转发部下，后为我人民解放军缴获。国民党政府为了继续进行战争，还在各地召开征兵会议，加紧征兵，以扩充军队。三月九日，国民党政府国防部兵役局宣布：一九四九年度将征集二百万人入伍。当时，在国民党统治区各地设有编练新兵的机构，如南京有王敬久的编练司令部，浙江有张雪中的编练司令部，江西有胡琏和沈发藻的两个编练司令部，湖南有黄杰的编练司令部，四川有罗广文的编练司令部，台湾有孙立人的编练司令部等。他们利用“和谈”为烟幕，加紧扩军备战。蒋介石还处心积虑地打算据守西南地区，负隅顽抗。三月二十四日，蒋介石在溪口对宋希濂说：“如果和谈不成，共军必然渡江，今后西南地区极关重要。现在湖南境内的几个军，于必要时，应叫他们退到湘西去。如共军向宜昌、沙市进攻，你所指挥的部队，可转移到鄂西一带山区，你的司令部以设在恩施为宜，因为那里有飞机场。陈明仁兵团将来可退到芷江、沅陵一带。这些部队，应归你统一指挥，以巩固川东门户”。国民党政府虽然作了种种备战部署，但仍不放心，急切地希望美国给他们撑腰打气。李宗仁曾多次向美国政府乞求援助。二月二十一日，李宗仁向美国驻南京国民党政府大使司徒雷登表示，希望聘请美国顾问。二月二十八日，李宗仁又亲自写信给美国总统杜鲁门，重申两国之间的“友谊”。三月上旬至四月上旬，国民党政府向美国要求一批白银贷款和自美国运送军火以装备国民党部队。可见，国民党政府承认以八项条件为和谈基础是多么的虚伪。国民党政府的所谓“和平”谈判，实际上是蒋介石在幕后指挥，李宗仁在台前扮演的一出假和平、真备战的双簧戏。已经有了充分经验的中国人民和中国共产党，一定会像粉碎敌人的军事进攻一样，粉碎敌人的政治阴谋，坚决把伟大的人民解放战争进行到底。

南京学生的抗暴斗争

解放战争时期南京的学生运动，是我党领导下的国民党统治区人民群众反帝、反封建、反官僚资本主义的爱国民主运动的一部分。它举行过抗议美军暴行、反对伪“国大”的政治斗争，发动了以“反饥饿、反内战、反迫害”为中心的著名的一九四七年的“五·二〇”学生运动，逐步形成为反对国民党统治的第二条战线。一九四九年四月一日，正当国民党政府和谈代表团去北平的时候，南京中央大学、政治大学、金陵大学、金陵女子大学等十一所专科以上学校学生六千余人，举行请愿游行，提出了要真和平，反对假和平的响亮口号。南京大专学生联合会在发表的《争生存争和平宣言》中指出，国民党政府“在军事上遇到了节节失败，所以不得不抬出和平的幌子以求苟延一时，而表现在背后的是积极的征兵征粮及扩编军队，疯狂备战，以图卷土重来，摧残人民的革命力量”。宣言中要求国民党政府“立即停止征兵征粮，扩编军队等备战行动”，“彻底解除戒严令”，“释放政治犯”，“保障人身自由”，“停止捕人杀人”，“保障生活”等。游行队伍于上午九时从中央大学操场出发，游行持续到下午二时结束，在金陵大学操场解散，然后分别整队返校。剧专同学六十余人，乘卡车返校途经白下路大中桥时，突然遭到由邓文仪直接操纵的军官收容总队特务的袭击。这伙特务，手执棍棒、麻绳，毒打手无寸铁的青年学生，并边打边叫：“上头命令，打死了有赏。”全车同学，无一幸免。其他学校学生闻讯乘车赶来解救，又被事先埋伏的国民党特务包围起来,木棍、铁条、石块,如雨点般打在学生身上。政治大学司机陈祝三,当场被活活打死,尸体也被劫走。

凶讯传到中央大学和建国法商学院,千余同学立即集合出发,前往国民党"总统府"请愿,要求立即制止暴行。但是,爱国学生在国民党"总统府"门前再次受到国民党军警和国民党特务的围攻毒打,不少学生倒在血泊之中。中央大学物理系学生程履绎、电机系学生成贻宾,因伤势过重,不治身死。当晚,剧专又数次遭到国民党特务的捣毁洗劫。总计此次血案被伤害的同学达二百余人。这就是国民党首都卫戍总司令张耀明在蒋介石的授意下,指使军警特务制造的"四·一"惨案。惨案发生后,张耀明连夜召开会议,企图以学生"互殴"来掩盖事实真相。这就激起了全国人民的更大愤怒,纷纷打电报声援南京学生的革命行动,声讨国民党政府的罪行,要求中国人民解放军迅速打过长江去,解放全中国,彻底推翻国民党政府统治。一九四九年四月四日,毛泽东同志在《南京政府向何处去?》一文中揭露说:"四月一日发生于南京的惨案,不是什么偶然的事件。这是李宗仁何应钦政府保护蒋介石、保护蒋介石死党、保护美国侵略势力的必然结果。这是李宗仁何应钦政府和蒋介石死党一同荒谬地鼓吹所谓'平等的光荣的和平',借以抵抗中共八项和平条件,特别是抵抗惩办战争罪犯的结果。"毛泽东同志还指出:"战犯不除,国无宁日。"南京政府对和谈如果有诚意,就应当以处理南京惨案为起点,逮捕和惩办南京惨案的主凶蒋介石、汤

总统府前参与游行的学生

恩伯、张耀明。毛泽东同志庄严宣告:“人民解放军就要向江南进军了。这不是拿空话吓你们,无论你们签订接受八项条件的协定也好,不签这个协定也好,人民解放军总是要前进的。”可是,国民党政府对全国人民的要求,对中国共产党的一再警告,置之不理,对南京惨案的凶手,不作任何处理。这就进一步剥掉了国民党政府的“和平”伪装,说明国民党政府对和谈根本没有丝毫的诚意。

国民党政府“和谈”阴谋的破产

对于国民党政府的“和平”攻势,中国共产党是看得很清楚的。但为了以真和平来粉碎国民党政府的假和平,争取尽快地缩短战争时间和减少战争的破坏,中国共产党没有拒绝国民党政府的“和谈”要求。三月二十六日,中共中央派周恩来、林伯渠、叶剑英、李维汉、聂荣臻等为和谈代表，以周恩来同志为首席代表，定于四月一日在北平和国民党政府代表举行谈判。国民党政府遂派张治中、邵力子、黄绍竑、章士钊、李蒸、刘斐为谈判代表，以张治中为首席代表，于四月一日乘飞机到达北平。[①] 当天，中国共产党代表团和国民党政府和平谈判代表团，开始进行谈判。国民党政府为此还成立了一个所谓“指导和谈委员会”，有接受和谈代表团的谘询和批准代表团拟出的任何方案的权力。其实，这也是骗人的。因为，国民党政府的一切“和谈”活动，都是蒋介石幕后操纵的。

在国民党政府代表团动身去北平的前一天（三月三十一日）晚上，李宗仁在国民党“总统府”设宴欢送以张治中为首的和谈代表团。会后，李宗仁在办公室召开了军事会议，讨论了三个问题：一、加强长江防务部署，责成京沪杭警备总司令部和华中军政长官公署，命令各部队严密防范共军南渡，并派海军沿江巡逻和空军分区侦察，还就交通补给等问题作了决定；二、会议认为战线过长，兵力不敷分配，决定将驻新疆的十万国民党军队，大部分东调；三、分配美国运至上海和台湾等地的十个师的美械装备。从这里可以看出国民党政府假和平真备战的真面目。

尽管如此，中国共产党考虑到，签订一个协定，对人民有利，对人民解放军有利，对国民党政府中一切愿意主动自赎的人们有利，对国民党军队的广大官兵有利。所以，从四

① 张治中、邵力子、章士钊、黄绍竑、李蒸和刘斐先生后来脱离了国民党集团，参加人民政府和政协工作。

北京和谈会场

月一日起，中国共产党代表团还是和国民党政府代表团进行谈判。四月七日，李宗仁打电报给毛泽东主席，说什么“和谈”“采纳贵方所提八条为基础……”“至立国大计，决遵孙总理之不朽遗嘱，与贵党携手，并与各民主人士共负努力建设新中国之使命”，等等。八日，毛泽东同志在复电中指出：“为着中国人民的解放和中华民族的独立，为着早日结束战争，恢复和平，以利在全国范围内开始生产建设的伟大工作，使国家和人民稳步地进入富强康乐之境，贵我双方亟宜早日成立和平协定。”双方谈判进行到十二日，拟定了《国内和平协定草案》，十五日又拟定了国内和平协定（最后修正案），其全文共八条二十四款。这个协定是以中国共产党的八项条件为基础而商定的。中国共产党为了早日结束战争，恢复国内和平，在谈判中曾作了极为宽大的原则的让步。如对惩办战犯一项，“原则上必须予以惩办”，但准予依照战犯的表现情形，分别处理，规定：“一切战犯，不问何人，如能认清是非，翻然悔悟，出于真心实意，确有事实表现，因而有利于中国人民解放事业之推进，有利于用和平方法解决国内问题者，准予取消战犯罪名，给以宽大待遇。”此外，对国民党军队的官兵和国民党政府的官员，也拟定了宽大处理的办法，对其他各项问题也都做了适当的解决。中国共产党代表团宣布，谈判以四月二十日为限期，上述协定的最后签字日期为四月二十日，等待国民党政府的答复。四月十六日，国民党政府代表黄绍竑携带国内和平协定（最后修正案），乘飞机去南京请示。李宗仁对是否签字，表示要向在溪口的蒋介石请示后才能决定。这时，国民党中央常务委员会在广州举行临时会议，通过了对国内和平协定决不能接受之声明。十九日晚，南京广播说：“对和平协定草案八条二十四款，似未便同意，尤以渡江要求，实非即可同意。”二十日下午四时，国民党行政院院长何应钦出席国民党立法院拟定秘密会议宣称，对“中共所提之要求，政府已无考虑余地”。当晚，国民党政府自南京复电代表团，表示不同意签字。至此，国民党政府的“和平”骗局也就宣告破产。事后，一九四九年六月初，刘斐在广州同李宗仁会面时，刘问为什么不同意签字？李说道：一切都被蒋介石控制死了。

百万雄师过大江

三路渡江的部署

为实现我党中央的战略决策，迅速突破敌人的千里江防，总前委在三月三十一日制订的《京沪杭战役实施纲要》中，做出了三路渡江作战的具体部署：

由粟裕、张震同志直接指挥第三野战军第十兵团和第八兵团两个兵团八个军共三十五万人，组成东路作战集团。其

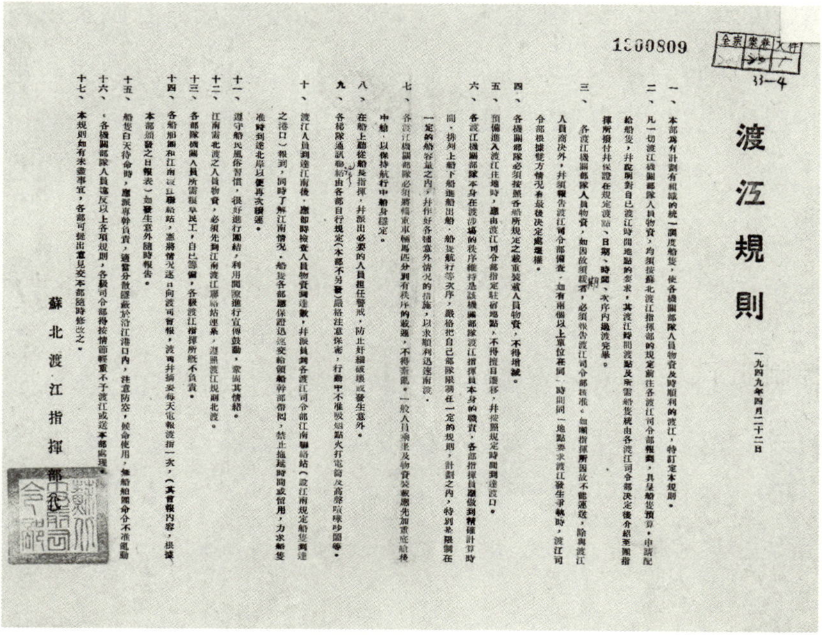

1300809

渡江規則

一九四九年四月二十二日

一、本部為有計劃有組織的統一調度船隻，使各機關部隊人員物資及時順利的渡江，特訂定本規則。

二、凡一切渡江機關部隊人員物資，均須按蘇北渡江指揮部的規定前往各渡江司令部報到，具呈船隻預算，申請配給船隻，并說明對自己渡江時間地點的要求，其渡江時間渡點及所需船隻統由各渡江司令部決定後介紹至圍指揮所撥付并保證在規定渡點、日期、時間、次序內過渡完畢。

三、各渡江機關部隊人員物資，如因故須緩期者，必須報告渡江司令部核准。如圍指揮所因故不能運送，除與渡江人員商決外，并須報告渡江司令部備查，如有兩個以上單位在同一時間同一地點要求渡江發生爭執時，渡江司令部根據雙方情況有最後決定處理權。

四、各機關部隊必須按照各船所規定之載重裝載人員物資，不得增減。

五、預備進入渡江住地時，應由渡江司令部指定駐宿地點，不得擅自遷移，并按照規定時間到達渡口。

六、各渡江機關部隊本身在渡涉場的秩序維持是該機關部隊渡江指揮員本身的職責，各部指揮員應做到精確計算時間，排列上船下船進船出船、船隻航行等次序，嚴格把自己部隊限制在一定的規則，計劃之內，特別是限制在一定的船容量之內，并作好各種意外情況的措施，以求順利迅速南渡。

七、各渡江機關部隊必須將輜重車輛馬匹分別有秩序的載運，不得紊亂。一般人員乘坐及物資裝載應先加重底艙後中艙，以保持航行中船身穩定。

八、在船上聽從船長指揮，并派出必要的人員担任警戒，防止奸細破壞或發生意外。

九、各梯隊通訊聯絡由各部自行規定（本部不另發）嚴格注意保密，行動中不准吸烟點火打電筒及高聲喧嘩吵鬧等。

十、渡江人員到達江南後，應即時檢查人員物資到達數，并派員到各渡江司令部江南聯絡站（設江南規定船隻到達之港口）報到，同時了解江南情況。船隻各部應保證迅速交給領船幹部帶回，禁止拖延時間或留用，力求船隻准時到達北岸以便再次積運。

十一、遵守船民風俗習慣，很好進行團結，利用間隙進行宣傳鼓勵，鞏固其情緒。

十二、江南需北渡之人員物資，必須先到江南渡江聯絡站連系，遵照渡江規則北渡。

十三、各部隊機關人員所需報皁民工，自己籌備，各級渡江指揮所概不負責。

十四、各船船團和江南設立聯絡站，應將情況逐日向渡司會報，渡司并摘要每天電報渡指一次，（其會報內容，根據本部頒發之日報表）如發生意外隨時報告。

十五、船隻白天待命時，應派專幹負責，適當分散隱蔽於沿江港口內，注意防空，候命使用，無船船團命令不准亂動。

十六、，各機關部隊人員違反以上各項規則，各級司令部得按情節輕重不予渡江或送本部處理。

十七、本規則如有未盡事宜，各部可提出意見交本部隨時修改之。

蘇北渡江指揮部

渡江规则

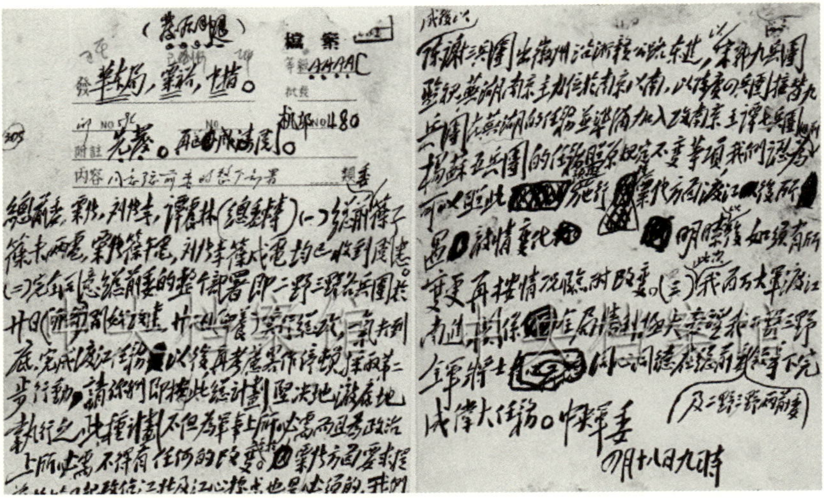

中央军委复电

中，以六个军、三个独立旅，在江苏张黄港至龙稍港段及由口岸、三江营、京口段进行渡江。渡江成功后，以主力迅速向京沪线上挺进，切断铁路，阻止敌人向上海方向逃窜，或上海敌人西援，然后向苏南的宜兴和浙江的长兴、吴兴方向猛插突击，切断京杭公路。

由谭震林同志直接指挥第三野战军第七兵团和第九兵团两个兵团七个军共三十万人，组成中路作战集团，在安徽省裕溪口至姚沟段及由姚沟至枞阳镇段进行渡江。渡江成功后，沿安徽繁昌、宣城，向浙江长兴方向实行主要突击，与东作战集团协同，组成钳形突击攻势，会师长兴，截断京杭公路，完成对芜湖、南京、镇江地区敌人的分割包围，并最后歼灭残敌。

在战役发起的同时，另以第七兵团的三十五军和第八兵团的三十四军，分别置于南京和镇江的正面，以积极佯攻动作，吸引和箝制江浦、浦镇和镇江之敌。

由刘伯承、邓小平同志直接指挥第二野战军的第三兵团、第四兵团和第五兵团三个兵团九个军共二十八万人，组成西路作战集团，集结于九江至安庆、枞阳之间，预定在马垱至望江之间，望江至安庆之间，安庆至枞阳之间分路强渡，迅速占领彭泽、至德、贵池等地，以一部沿江东进，一部直插浙赣路，切断国民党白崇禧、汤恩伯两个集团之间的联系，把敌人分割开来。

另以第四野战军先遣部队第十二兵团和中原军区部队，积极展开向武汉、宜昌、沙市等地攻击，以掩护第二野战军和第三野战军渡江作战。

渡江战役总前委雕像

经过我军一系列的周密部署，渡江作战的各项准备工作已经就绪。我百万大军士气空前高涨，积极要求迅速渡江南征，解放全中国。广大指战员的请战书、立功挑战书，纷纷送到各级领导机关。我第二、第三野战军各部队，隆重举行了渡江南征誓师大会。全体指战员兴高采烈，一致表示："我们是光荣的人民解放军，誓在中国共产党和毛主席领导下，把革命进行到底，进军江南，实现真和平，解放全中国。"在某部的誓师大会上，第二野战军参谋长李达同志号召全体指战员克服一切困难，胜利完成进军任务。二十日中午，第三野战军副政委谭震林同志来到第二十四军军部，兴奋地对大家说：二十二年前，反革命向人民发动了总进攻，现在人民最后结束反革命统治的一天已经到来。各突击部队的指战员，更是无比激动，他们把突击渡江的任务，看作是党的信任和人民的期望，决心不惜一切牺牲，把红旗插上长江南岸。第二十军突击部队的指战员表示："我们坚决打过长江，进军江南，消灭一切国民党军队，解放京沪杭，解放全国人民。"

四月二十一日凌晨，毛泽东同志、朱德同志向中国人民解放军发布了《向全国进军的命令》。命令中指出：国民党反动派拒绝签订和平协定，就是表示"决心将他们发动的反革命战争打到底"。"在此种情况下，我们命令你们：奋勇前进，坚决、彻底、干净、全部地歼灭中国境内一切敢于抵抗的国民党反动派，解放全国人民，保卫中国领土主权的独立和完整。"

毛泽东同志和朱德同志的命令，像强劲的东风，吹遍了

船工们演练升落帆的快速动作

解放军准备渡江

祖国大地。整个长江北岸，顿时沸腾起来了。全体指战员立即进入战斗状态。隐蔽在河湖港汊的千万条大小船只，一只只从内湖牵进引河，又一只接一只地滑过引河，进入江边的掩蔽部。一场举世瞩目的渡江战役打响了！

中路突破天堑

为了有利于我东、西两路作战集团渡江，并在渡江后，能够于敌纵深迅速会师，达到对敌人的分割和包围，我军决定中路作战集团提早在四月二十日午夜渡江。

二十日晚上，天空阴暗，江面上黑沉沉的，什么也看不见，整个长江两岸处在战斗前的异样寂静之中。

解放军渡江

我中路作战集团，以第七兵团的第二十一军、第二十四军和第九兵团的第二十五军、第二十七军，分别组成渡江第一梯队，集结在芜湖至铜陵一线，准备实行强渡。以第三十军置于裕溪口正面，并以第二十二军和第三十三军，分别作为两个兵团的预备队。仅第七兵团便集中了三个军的山炮团和特纵的一个炮团，组成两个炮群，掩护我军过江。

午夜，我军发出扬帆启航的命令。顿时，广阔的江面上，数不清的战船，满载着英勇的战士，顶着汹涌的波涛，向南岸急驶而去。在长达一百多公里的江面上，有的部队乘夜幕秘密偷渡；有的则在我强大炮火的掩护下，突破敌人火力的封锁，实行强渡。在这浓烟迷漫的大江南北，到处都是炮弹爆发的火光。敌人发射的炮弹，落在江水里，落在船身旁，掀起了一个个冲天水柱。长江北岸我炮兵阵地的无数门大炮，猛烈地轰击着南岸敌人的阵地，原来漆黑的江岸上，迅速腾起阵阵浓烟烈火。

数千条战船勇猛地接近敌岸。英雄的突击营战士们，迫不及待地跳下船去，涉着浅水，踩着泥滩，一面射击，一面迅速登上敌岸。一小时后，我第二十四军、第二十七军、第二十五军先后攻占闻新洲、紫沙洲、黑沙洲、鲫鱼洲等江心洲，歼敌一部。紧接着，我军又乘胜前进，强渡夹江，先头突击部队迅速登陆成功。在连续打退了敌人的多次反扑后，建立了滩头阵地。我后续部队，像潮水般地涌上江岸。部队跨过江堤，沿着大路，一步不停，一直往南追击，继续向敌人防御纵深发展。二十一日晨，我第二十七军迅速突破荻港，当

解放军突破国民党的长江防线

日占领繁昌。敌人从芜湖西南鲁港至铜陵地段的防务土崩瓦解。二十一日,我军解放铜陵、顺安、峨桥一线。我中路作战集团右翼部队第二十一军,首先以一个师于二十日午夜,在贵池对岸实行偷渡,并迅速突破敌长生洲、余水洲等江心洲上的江防阵地,歼敌第五十五军一部,继续向南岸进行攻击。二十一日,我第二十一军的另外两个师在强大炮火掩护下,于上、下江口分别登陆,横扫沿江之敌,并占领馒头山、六合煤厂等地。

这一线国民党守敌,不断向汤恩伯告急。汤一面责令驻芜湖的国民党第二十军堵击我突破口,一面匆匆派出机动部队国民党第九十九军前往增援。二十一日上,汤恩伯仓皇赴芜湖,为其部下打气,企图重新布置堵击,挽回败局。

但是,援军尚未赶到,国民党的江防部队,已在我解放

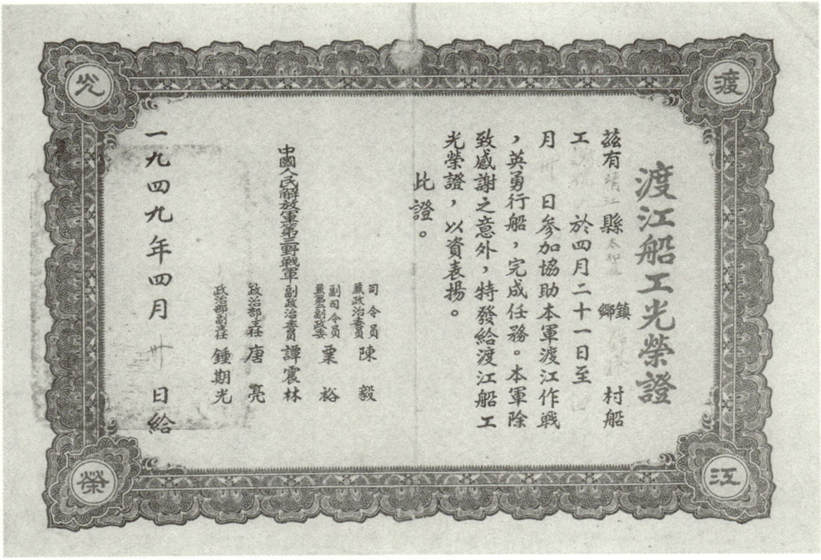
渡江船工光榮證

茲有　　縣　　鄉鎮　　村船
工　　於四月二十一日至
月　日參加協助本軍渡江作戰
，英勇行船，完成任務。本軍除
致感謝之意外，特發給渡江船工
光榮證，以資表揚。
此證。

中國人民解放軍第三野戰軍
司令員兼政治委員　陳毅
副司令員兼副政委　粟裕
副政治委員　譚震林
政治部主任　唐亮
政治部副主任　鍾期光

一九四九年四月　　日給

渡江船工光荣证

军沉重打击之下，丢盔弃甲，夺路南逃。二十二日，我军解放南陵，歼敌第八十八军大部。二十三日，由芜湖一线向宣城方向溃退的国民党第二十军，在青弋江湾沚镇地区，被我第二十五军紧紧咬住。整整一个军的敌人，在方圆不过三五里的一片山洼里被我军消灭干净。国民党援军第九十九军刚到宣城，得知国民党军全线败溃消息，立即掉头南逃，沿芜杭公路向杭州逃窜。

西路强渡告捷

我中路作战集团以突然而神速的军事行动，一举突破国民党军的江防并取得重大战果之后，二十一日晚，我东、西两个作战集团又发起了新的攻击。

我西路作战集团渡江突破地段，是国民党汤恩伯、白崇禧两大集团的结合部，沿江守敌为第八兵团的第六十八军、第九十六军、第五十五军共四万余人。在敌纵深地区只有第十七兵团的两个军，位于皖浙边境歙县至宁国地区。整个防御力量较为薄弱，机动兵力很少，有利于我实行渡江突击。

根据当时敌情，我西路作战集团决定以三个兵团并列布置于贵池至马垱间宽约二百华里的正面。其中，第三兵团辖第十军、第十一军和第十二军，由安庆以东八至枞阳地段实施渡江；第五兵团辖第十六军、第十七军和第十八军，由安庆以西至望江地段实施渡江；第四兵团辖第十三军、第十四军和第十五军，由望江至马垱间实施渡江。二十一日下午十七时，我西路大军全线发起作战，无数门大炮同时射击，在不足

解放军冲上对岸

三十华里的正面，就排列着各种火炮三百余门。经过一个小时的猛烈炮击，整个南岸敌军阵地，完全陷入一片火海之中，炽烈的炮火映红了江面、天空。敌人的前沿阵地十之八九被摧毁。接着，从各港口涌出的数千只战船，立即向南岸飞驶。

我第四兵团在华阳镇至坝头段按预定计划渡江。左翼第十五军突击部队的战船起渡时，天降大雨，他们趁天黑雨急的有利时机，直扑对岸。船到江心，敌炮火突然向我猛烈射击，部分战船被击中漏水，有的船只迷失了方向。但是，英雄的战士抱定渡江必胜的坚强信念，高呼“打过长江去，解放全中国”“到达对岸就是胜利”的战斗口号，经过半小时的浴血奋战，终于冲上江岸。有一个排，单独在香山东面登陆，在四面受敌的情况下，勇猛冲上香山，威胁敌人侧背，并协同兄弟部队抢占敌炮兵阵地，进占黄山。残敌弃重炮南逃。我第十五军迅速沿江向两翼扩大战果，先后击退七艘敌舰的进攻。我第四兵团右翼第十三军，也于二十一日晚向八宝洲实施偷渡，在距敌岸仅有百余公尺时，被敌发现。敌人展开猛烈射击。我英勇的战士，只经过十分钟的战斗，即登上敌岸，于夜十二时，占领八宝洲。二十二日，我军占领了彭泽东北著名的马垱要塞，击退了敌舰的多次反扑。

我第三兵团、第五兵团各部队亦胜利渡江，全线突破敌人江防阵地，迅速控制了宽二百华里，纵深一二十华里的登陆区。二十二日，解放贵池、彭泽等地，俘敌三万余人。为密切协同我东路、中路作战集团作战，保证钳形攻势成功，我第二野战军各部队，不失时机地迅速向敌纵深发展，猛插浙赣线。

第四野战军先遣部队和中原军区部队，为了配合第二、第三野战军胜利渡江，沿平汉铁路两侧积极向南运动，佯攻武汉，以牵制国民党白崇禧的部队，使他不得不向武汉收缩兵力。

东路敌前抢登

二十一日傍晚，在我西路作战集团发起攻击的同时，我东路作战集团也发起攻击。

当时，敌人把防守重点放在镇江以东地区。汤恩伯在这一带沿江一字儿摆开了六个军，即国民党第一绥靖区所辖第一二三军、第二十一军、第五十一军、第四军和国民党首都卫戍总司令部所辖第四十五军、第二十八军。另以国民党第

“渡江先锋连”的船队在我军各种炮火的掩护下，顺利地突破敌人阵地

五十四军和第九十九军组成机动兵团，分驻丹阳、龙潭，东西呼应，以便随时策应南京两翼作战。国民党海军第二舰队，也驻守长江这一地段，协同陆军加强江防。

鉴于敌人的上述军事部署，我东路作战集团，除以三十四军、第三十五军隔江以积极动作，吸引、箝制镇江和南京守敌外，决定以第八兵团指挥第二十军、第二十六军和第十兵团指挥第二十三军、第二十八军、第二十九军、第三十一军等，在江都县东南方向的三江营至靖江县以东的张黄港地段实施渡江。

二十一日晚七点，我第十兵团由第二十三军、第二十八军和第二十九军组成的渡江第一梯队，在申港、靖江地区并肩开始南渡。在迷茫的夜色中，我突击部队的战船迅速驶出各隐蔽渡口，直驶南岸登陆目标。船过中流，南岸突然响起

黄昏，渡江部队按作战方案登船待命

了密集的枪声，显然，敌人发现了我军的渡江行动。偷渡不成，实行强渡。我大炮立即猛烈射击，敌岸不断闪起爆炸的火光。漆黑的夜空中，又传来了敌机的隆隆声音。敌机对江中胡乱扫射。枪声在黑暗中响成一片。我英勇的战船，冒着密集的火网向南岸猛冲。我军首批八个团的兵力，在圩塘镇至王坍申镇、申港至夏港及长山两侧三个地段，分别用了十五至六十分钟时间胜利登陆，突破了敌人江防阵地，歼灭了各前沿守敌，从而保证了后续梯队第三十一军等过江。我东路大军右翼第八兵团第二十军，由三江营、永安洲地段，向长江大江心洲上的扬中县发起突击，渡江迅速成功，并继续南进。

这时，在国民党的江阴要塞里，进行着一场巧妙的斗争。

江阴，地处长江下游，极目东望，江面宽阔，由江阴溯江西上，江面骤然变窄，江身蜿蜒曲折，这就使江阴成了长江的重要咽喉。江岸上，黄山盘曲伏卧，地势显得更加雄伟险要。黄山要塞上，敌人的炮口对准着江北，山坡上构筑了各种各样的明碉暗堡，黑色的枪眼朝着江面。这一切都表明敌人企图凭借有利的地形，阻挠我军渡江。

早在渡江战役发起前，我地下党就在江阴要塞内秘密地做了许多工作，争取了一部分国民党官兵站在我们一边，以配合人民解放军的渡江作战。

四月二十一日晚，长江北岸边燃起了三堆火光，这是约定的渡江开始的信号。当我军万船齐发，以排山倒海之势，向南岸急驶之际，国民党江阴要塞司令戴戎光，急令开炮。但是，他哪里知道，要塞上的炮弹，事先已被起义人员拆去了信

四月二十一日，在仪征至江阴一线，人民解放军东路军千百艘船直驶南岸

管。起义人员还改变了射击口令和射击距离。因此，大炮虽然隆隆发射，可是我军的战船却仍似潮水般地向南岸涌来。

最先登岸的我突击营战士，迅速与起义人员会合，化装进入江阴黄山要塞总台的指挥所，机智地活捉了国民党要塞司令戴戎光。

江阴要塞起义的国民党官兵，立即掉转炮口，向国民党第二十一军阵地猛烈射击，打得敌人懵头转向。

二十二日，在东路作战集团正面，发生了激烈的战斗。国民党第二十一军、第一二三军分别对进抵长山的我第二十九军和在申港、夏港登陆的我第二十八军，实行反扑，但他们怎能挡得住解放军钢铁般的洪流？经过激战，敌人纷纷向南溃逃。汤恩伯又急令机动部队国民党第五十四军连夜由武进向我第二十三军、第二十八军反扑，但在尚距江岸四十华里的地方，便被我军团团围住，三个团被消灭，一个师长被击毙。国民党第五十四军余部见大势已去，乃狼狈南逃。我第八、第十两个兵团，乘胜追击，迅速解放了镇江、丹阳、武进、无锡等城市，切断了京沪铁路，断绝了东西敌人的联系。

四月二十日至二十一日，正当我军展开渡江作战的时候，侵入我长江的英国"紫石英"号等四艘军舰，与国民党军舰一起，炮击我人民解放军第二十三军防地，致使我伤亡二百五十二人，第二〇二团团长邓若波同志中弹牺牲。我军当即予以反击，击沉击伤敌舰十八艘，英舰"紫石英"号被击伤，停泊在镇江附近的江面，其他三艘英舰逃走。英国政府这个严重的侵略行为，受到了中国人民的强烈谴责。中国人民解放军总部发言人发表声明，指出："中国的领土主权，中国

紫石英号军舰

人民必须保卫,绝对不允许外国政府来侵犯。”但是,英国政府拒不承认侵略罪行,一方面,令护航舰“黑天鹅”号自沪上驶,巡洋舰“伦敦”号以及“贝尔法斯”号分别由海面和香港驶抵上海,企图继续向我恫吓挑衅;另一方面,在同我军代表的谈判中一再狡赖。英国首相艾德礼在议会中狂妄地宣称:“英国军舰有合法权利在长江行驶。”后来,在七月三十日夜间,“紫石英”号强迫我经过镇江下驶的江陵解放号客轮与之并行,掩护逃跑。

激战江浦

当我各路渡江大军对敌人的千里江防展开猛烈进攻的时候,集结在滁县以南地区的我第三十五军,也对南京正面

三浦战役中解放军攻城

的江浦、浦镇、浦口地区发起攻击。

江浦县城和浦镇、浦口，与南京市区隔江相望，是南京市的门户。南京解放前，它依靠几艘陈旧不堪的渡轮为交通工具，和南京市区沟通起来。这段地区，丘陵起伏，地势崎岖，道路曲折纵横，滁河横贯它的腹地，流入长江。淮海战役以后，国民党反动派为了阻止我军渡江，在这里的山头上构筑了弯弯曲曲的交通壕和大大小小的明碉暗堡，到处是密集的布雷区。在宽阔的路面上，堆着石头，设有好几道鹿寨、铁丝网、木柱……

江浦县是国民党的"模范县"，国民党军、警、宪、特在这里实行了严密的控制。为了加强对人民群众的防范，国民党用保甲制度把这里的居民禁锢起来。两万多城镇居民编成三个保，每保都派有"指导员"，监视群众的一切活动，使人们生活在极端恐怖的气氛中。

国民党第二十八军的第五十二、第八十、第一九五师固守在这一带，他们以江浦、浦镇、浦口三城镇互为犄角，依靠这一带的有利地形和坚固的防御工事，固守顽抗，把住南京的大门，阻拦我军渡江和解放南京。同时国民党首都卫戍总司令总张耀明又以所辖四十五军守备句容县桥头镇至江宁县铜井之间的江防，并力图确保龙潭、栖霞及大胜关，摆出固守架势，保其老巢南京。

但是，敌人的任何企图，都不可能挽救它必然失败的命运。

早在四月初由粟裕、唐亮等同志主持召开的第三野战军前委泰州会议上，决定我第三十五军在第八兵团的统一指挥下，配置在津浦铁路两侧全椒、滁县、乌衣地区，任务是采取积极动作，封锁江面，箝制南京敌人不使逃跑，以配合我各路大军渡江包抄和消灭敌人。为了把国民党第二十八军牵制在长江北岸，总前委指示第三十五军，不要立即攻占“三浦”和炮击南京。于是我第三十五军南下至乌衣地区便停下来了。军部驻扎在滁县，第一〇五师驻乌衣以西，全椒、界首以东地区；第一〇四师和第一〇三师分别驻乌衣以东及以北地区，先头部队前进到东葛、永宁一带，形成对敌军的严重威胁。

随着渡江战役的胜利发展，我第三十五军军部立即召集各师指挥员开会，研究具体的作战部署。军政治委员何克希同志在会上号召说：我们要“按照毛主席的指示，迅速集中优势兵力，力求歼灭敌人，然后强渡长江直捣南京。因此，首先从右翼拿下江浦，从正面夺取浦镇，再取浦口，并争取先机过江”。

为了实现这一决心，会上决定以第一〇三师三个团和第一〇五师一个团从右翼攻击江浦县城；以第一〇五师为第一〇三师预备队，伏击打援，直插江浦、浦镇间的公路，占领公路北侧的村庄和有利地形，切断两地敌人间的联系，并且扫除据守在这一带山头上的敌人；再以第一〇四师从左翼进攻浦镇东北一线高地，夺取浦镇敌人的前沿阵地。这个部署的目的是使江浦、浦镇、浦口的敌人均处于被我分割包围、孤立无援的境地。会后，我各师指战员迅速进入工事。

四月二十日，军部发出了向江北守敌攻击的命令，顿时，战斗在江浦、浦镇地区全面展开。

我右翼部队第一〇三师进攻江浦县城。珠江镇是江浦县府所在地，镇的周围筑有高大的城墙。它的东面、南面是一望无边的水网地带，地势低平，出西门向北至城北郊，是一片波浪起伏的低山丘陵。求雨山、赵家山绵延在城墙边缘地带。城东、西、南三面有宽阔的护城河环绕。国民党第二十八军第五十二师派一个主力团在这里把守，并把县保安大队配置在城西南，守护通往江边的要道。他们把通往县城的道路，全部用层层叠叠的沙袋、鹿寨严密封锁起来；求雨山上，构筑了坚固的水泥子母堡，组织了密集的火力网；城墙上，步枪、机枪的射击孔，对着开阔的田野。我第一〇三师经过实地侦察，决定第三〇七团和第三〇九团自城北部发起进攻；

渡江战役所用各类机枪、迫击炮等武器

第三〇八团从侧翼迂回到城南,准备截击敌人的突围部队,这样就形成了对敌人的全面包围。二十日下午,我炮兵由城西北方向开始轰击。黄昏,我军开始接敌运动。敌人在我军威迫下,迅速将外围部队收缩进城。我第三〇七团选定城西北为主攻方向,当我突击到城下时,天色已黑。这时,我强大的野炮、山炮猛烈地轰击着城垣和敌防御工事,到处火光冲天,硝烟弥漫。守城敌军,拼死抵抗,战斗异常激烈。我军多次突击、爆破,未能攻破城垣。于是,我第三〇七团转移攻击方向,集中炮火摧毁敌东北角上的防御工事。这里是一片树林,城墙简易,敌人火力较弱。我军的炮弹,暴雨般地倾泻在城垣上;由轻、重机枪组成的火网,压住了敌人的火舌。二营的战士开始架梯登城,一个个勇猛的战士跃上了城墙,首先突破成功,占领了城东北角,经过浴血奋战,巩固了突破口。接着,我第三〇七团一营、三营的战士迅速入城,向纵深扩大战果。这时,我第一〇三师师部命令第三〇九团,迅速在城西北部实行突破。天将亮,我军猛攻西门外求雨山。由于我军已突破北部城垣,求雨山上的敌人眼见大势已去,决定弃堡向西南逃跑。城内的残敌,也节节败退,经短时间的巷战,敌人出南门向江边逃窜。战斗至二十一日拂晓,我军歼灭了守敌第五十二师一个团及该县的国民党保安大队,解放了江浦县城。我阻击部队第三〇八团和第一〇三师侦察队,在江浦西南长江沿岸抓到不少俘虏,缴获许多枪枝,只有少数残敌逃往江南。江浦县城的攻克,使浦镇的敌人受到我军的三面包围。

夺取浦镇

二十日晚，战斗在浦镇地区亦激烈展开。

据守浦镇地区的是国民党第五十二师一个团。这个团利用山头构筑了许多钢筋水泥工事。它的任务除为浦口作警戒外，主要是作为江浦和浦镇敌人的联络和相互支援，多方牵制我军的进击。为了拔除这个钉子，我军先在浦镇以西、以北地区的山头、制高点，进行了激烈的争夺战。我军多次发起冲锋，但顽固的敌人，凭借坚固的水泥工事负隅顽抗，不肯放下武器。停泊在长江里的国民党舰艇，也不断用排炮向我阵地轰击，妄图配合敌军固守江北战略要点。我第一〇五师第三一五团，在江浦、浦镇北面的山头上，与敌人进行了反复激

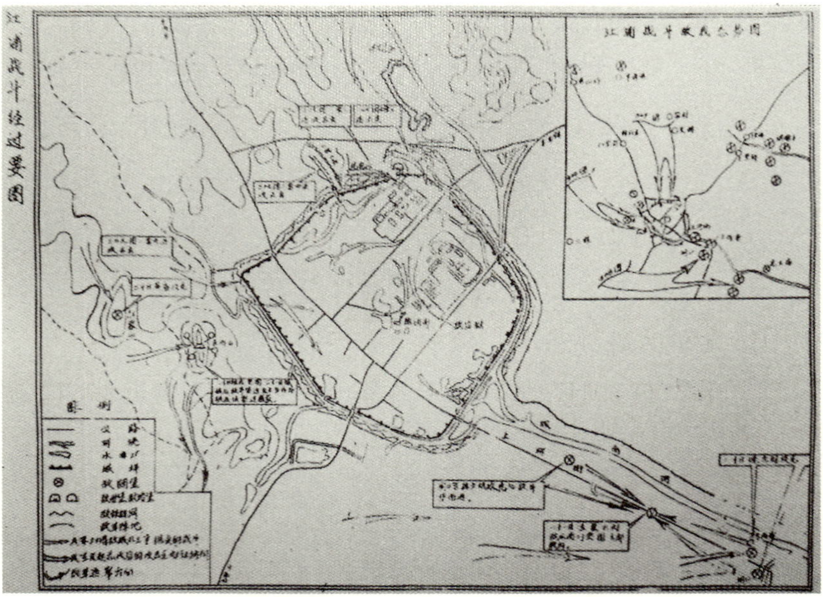

江浦战斗经过要图

烈的争夺。二十一日白天,我军指挥部决定重新调整作战部署,以一部分兵力从左翼威胁敌人的侧背;以主力部队集中优势兵力从正面向敌人控制的主要阵地发起猛攻。第一〇三师在打下江浦后,也协同第一〇四师、第一〇五师攻击浦镇。

二十一日晚,战事在浦镇东部、北部丘陵山地再次激烈展开。我无数发炮弹倾泻在敌人的暗堡上、战壕里,满山遍野烟尘滚滚。我爆破手迅速摧毁敌防御工事,碉堡、暗垒,纷纷倒塌。我英勇的战士,以攻无不克的英雄精神,冲上敌人的制高点。

经过彻夜战斗,敌人在浦镇以北的主要据点:大顶山、二顶山、三顶山,均被我攻克。设在浦口扶轮小学旧址的国民党第二十八军军部,已经乱作一团。为了避免被我全歼,国民党军慌忙向江南撤退。二十二日晨,浦镇解放。

各师队伍在拔除了敌人在浦镇附近的各据点后,迅速向浦口挺进。敌人在公路转弯处布满了地雷和各种障碍物,企图延缓我军的前进速度。我军扫除了敌人设置的种种障碍物,继续向浦口进击。浦镇、浦口本是江北繁荣的城镇,浦口还是贯通南北的交通大动脉——津浦铁路的终点站,如今已被国民党军队破坏得满目疮痍。

二十二日,国民党第二十八军见我大军已接近浦口,就星夜缩回南京。二十三日上午,我各师先后到达浦口。

江浦、浦镇、浦口的解放,打开了南京的北大门,南京市区已处在我军的直接攻击范围之下。

人民解放军占领南京

钟山儿女迎解放

解放前夕，我党领导南京各阶层人民，进行了英勇的护厂护校斗争，保护城市，迎接解放。

早在我百万大军云集江北，渡江战役即将开始的时候，国民党政府预感末日来临，进行垂死挣扎，在南京策划了大撤退前的大破坏。国民党首都卫戍总司令部颁发了所谓《维持社会秩序临时办法六项》，宣布“如有违反上项规定”“假游行请愿之名”者，“自当执法以绳，决不姑宽”。并宣布南京市区自晚上十一点至次日晨五点实行戒严。敌人为了劫运南京的物资财产，把许多工厂的物资设备强行搬走。飞机场的地面设备，博物院的珍贵文物，中央图书馆的古今要籍，被大量运往台湾等地。其中，文渊阁四库全书、书画、古瓷器、古铜器等二千九百七十二箱的名贵书籍，大部被运走。被服厂、兵工厂、国民党资源委员会所属工厂的机器，都被搬走。他们破坏了津浦路蚌埠至浦口间的所有桥梁，并把机车和车皮拖过长江，准备开往粤汉铁路。对于一些不能带走或来不及运走的东西，他们则打算炸毁。八十四箱黄色炸药已经运到了浦镇车辆工厂，准备把这个有着悠久历史的大工厂，毁于一旦。国民党的海军炮艇，瞄准永利铔厂，企图把这个全国著名的化学工厂，化为灰烬。电厂、自来水厂的破坏计划也在实施中，妄图使南京人民的生活陷于瘫痪。与此同时，更加肆无忌惮地迫害革命群众与共产党员，工厂工人和爱国学生不断被捕。街头巷尾响着敌人警车的刺耳尖叫声，人民的反抗斗争受到了国民党政府的镇压。

但是，革命的火焰是永远扑不灭的。残酷的迫害，只会更加激起人民群众的英勇反抗。

为了粉碎国民党政府的阴谋，保卫人民的生命，保护国家的财产，迎接解放，我南京市地下党领导工人、学生和革命群众，与国民党政府进行了长期的、英勇机智的斗争。在国民党政府溃逃前夕，我地下党团结广大群众，组织革命力量，广泛开展了“反迁移、反破坏、反迫害”的斗争。

南京市工人阶级在这场斗争中，表现了高度的机智和勇敢。他们采取了合法斗争手段，提出种种合理要求，延滞国民党反动派的撤退计划，如兵工厂、被服厂工人要求发放遣散费、家属维持费等，以拖延搬迁时间；他们把机器上的重要零件拆掉藏起来，以增加敌人抢掠的困难。铁路工人和汽车工人，把机车和汽车上的重要零件

《陈修良工作笔记》书影

拆走,使火车和汽车不能开动。

具有光荣革命斗争传统的南京爱国学生,掀起了保护学校,反对迁校的斗争。当时,国民党特务散布谣言,企图煽动学生跟随他们南逃。但是,他们的阴谋立即被爱国师生所识破。南京中央大学成立了以进步教授梁希和潘菽为首的校务委员会,号召被强行“疏散”的师生返校继续上课;同时,利用校长周鸿经拐款潜逃之事,向国民党教育部要求索回学校经

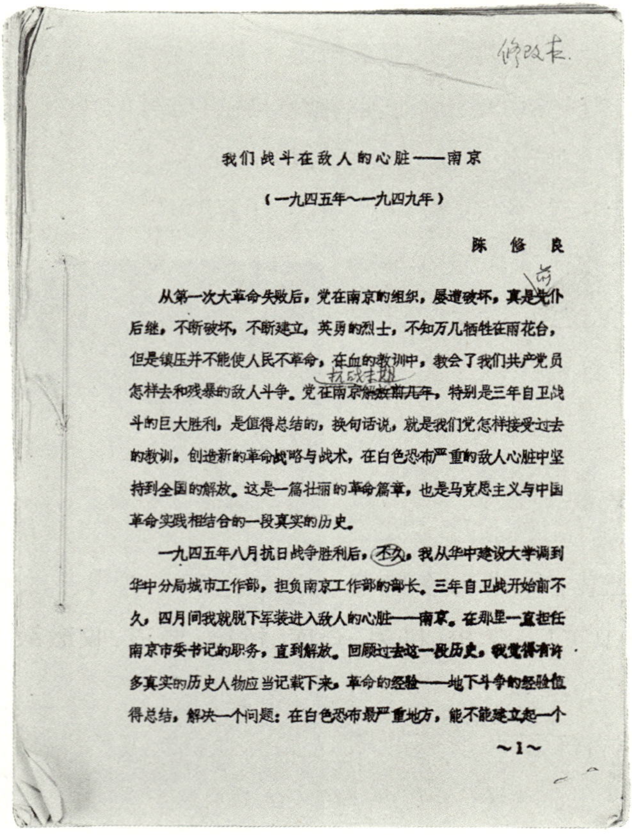

我们战斗在敌人的心脏——南京

（一九四五年～一九四九年）

陈修良

从第一次大革命失败后，党在南京的组织，屡遭破坏，真是先仆后继，不断破坏，不断建立，英勇的烈士，不知万几牺牲在雨花台，但是镇压并不能使人民不革命，在血的教训中，教会了我们共产党员怎样去和残暴的敌人斗争。党在南京解放前几年，特别是三年自卫战斗的巨大胜利，是值得总结的，换句话说，就是我们党怎样接受过去的教训，创造新的革命战略与战术，在白色恐布严重的敌人心脏中坚持到全国的解放。这是一篇壮丽的革命篇章，也是马克思主义与中国革命实践相结合的一段真实的历史。

一九四五年八月抗日战争胜利后，不久，我从华中建设大学调到华中分局城市工作部，担负南京工作部的部长。三年自卫战开始前不久，四月间我就脱下军装进入敌人的心脏——南京。在那里一直担任南京市委书记的职务，直到解放。回顾过去这一段历史，我觉得有许多真实的历史人物应当记载下来。革命的经验——地下斗争的经验值得总结，解决一个问题：在白色恐布最严重地方，能不能建立起一个

～1～

《我们战斗在敌人的心脏》(陈修良手稿)

费。他们采取种种措施,阻挠迁校。这样就迅速粉碎了国民党政府的迁校阴谋。

我地下党还通过宣传党的政策,对国民党军、政、警机关人员进行了瓦解和策反工作。南京市是国民党的统治中心,这里有很多国民党中央机关和大量公务人员。他们中间,少数人是死心塌地的顽固分子,多数人是对国民党政府统治不满的。如国民党南京警备第九十七师,它是国民党首都的卫戍部队,是蒋介石嫡系部队中的嫡系。这个师的官兵,在我大军压境和党的政策的感召下,经过我地下党的积极工作,由师长王宴清率领,在江宁毅然起义,弃暗投明。国民党南京市警察系统、报纸新闻单位和国民党政府机关中,也都有我党的活动和影响。

为了迎接解放,并在解放后便于我党我军顺利地接管城市,我南京市地下党抽调干部,按系统成立了接管委员会,积极调查国民党的机关人员、物资、地产、特务组织,进行机关、学校、工厂的接收准备。

南京地区的工人、学生和市民,为了保护好国家财产,迎接解放,在我地下党领导下,针对敌人的破坏活动,英勇地进行了武装护厂护校的斗争。他们组织了各种形式的人民武装,守卫工厂、学校、机关、仓库、桥梁、要道,收缴敌人的武器。工人们组织了有三千五百人参加的工人纠察队,在“保厂护家”的口号下,团结广大工人群众,守卫工厂,打击敌人破坏活动。永利铔厂有四百名工人武装护厂,多次击退了敌人的武装进攻,完整无损地保存了该厂的器材和物资。津浦

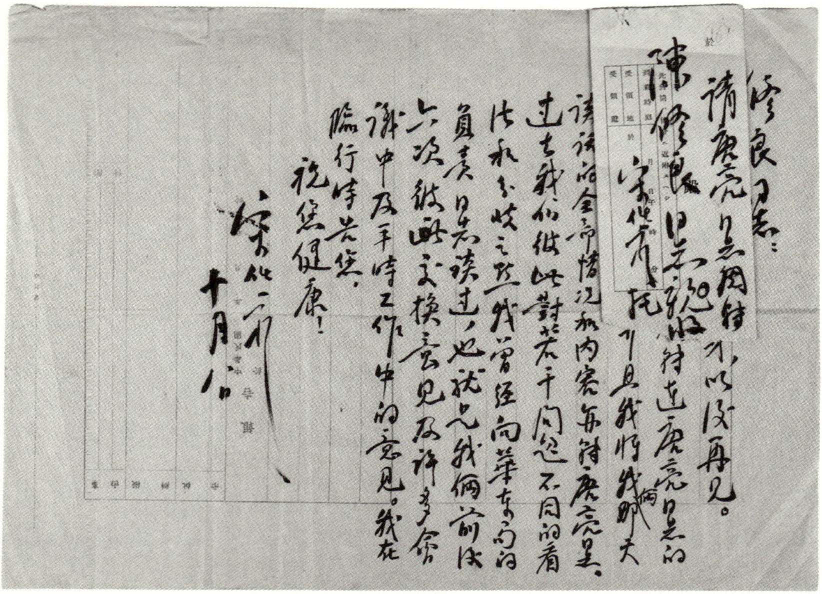
陈修良同志 宋任穷托

修良同志：

谈谈了全市情况和内容，告诉庚亮同志。

告诉我们彼此对若干问题不同的看法和分歧之点。我曾经向华东局的负责同志谈过，也就是我俩前次六次彼此交换意见及许多会谈中及平时工作中的意见。我在临行时告您，

祝您健康！

宋任穷

十月八日

宋任穷致陈修良的信

铁路工人组织了有五百人参加的工人纠察队，保存了尧化门车站的全部器材物资，并以五十人击退了数百名特务和地痞的联合抢劫，保存了南北铁路交通的咽喉——铁路栈桥和“浦口”号大轮。下关电厂、自来水厂的工人也自动组织护厂，保证全市水电的正常供应。浦镇车辆工厂的工人，机智地移走了敌人在溃逃前夕安放在机器上的炸药，保证了工厂的安全。商店店员工人也组织了近五百人的义勇纠察队，保护中央商场、新街口、太平路、夫子庙和建康路一带繁华商业区的商店，防止坏人乘机抢劫。南京中央大学学生的护校组织贴出了“时候到了，同学们行动起来”的布告。其他大专院校的学生，也组织起来，日夜站岗巡逻，守卫图书馆、实验室、粮

库、实习工厂，甚至白发苍苍的老教授，也与学生一起，参加守护学校。当国民党首都警察厅的官僚、坏蛋逃跑之后，学生们涌进去，取出很多步枪、机枪和手榴弹，武装了学生纠察队。学生们有了武装，潜伏在学校里的国民党特务再也不敢轻举妄动了。在我党影响下的两千多名国民党警察，保管好了户籍档案，听候接收，并自动参加维持社会治安。

在我党的领导下，南京市各阶层人民在斗争中结成了广泛的革命统一战线，为保护城市、迎接解放，做出了重要的贡献。

南京守敌大溃逃

当我东、中、西三路大军均已胜利地渡过长江后，沿江固守的国民党军队纷纷溃败。我军展开了全线追击，对国民党军实行分割围歼。

正当国民党军队有被我军分割围歼的危险时候，四月二十二日上午，蒋介石急匆匆地由溪口飞到杭州，并派专机将李宗仁、何应钦和汤恩伯接到杭州，进行秘密会晤，进一步“商讨最后一战的全面作战计划”，并确定由何应钦兼国民党国防部长，统一指挥国民党陆海空军。当天下午，汤恩伯匆忙宣布全线撤退。芜湖以西的部队向浙赣路退却；芜湖以东，包括南京、镇江、常州地区的部队向杭州方向退却；常州以东地区的部队向上海方向退却。

驻守在南京地区的国民党第四十五军、第二十八军残部，除留一个营仍据守下关要隘以掩护撤退外，均一窝蜂似

触放军登上南岸

地和国民党军、政、警、宪、特务机关人员一起，向南逃窜。从下关到新街口、林森路（今长江路）都被乱作一团的人马、车辆挤得水泄不通。敌人原定二十三日凌晨二时集合开始行动，但是，由于他们争先恐后地向南逃跑，致使道路拥挤不堪，到晨四时队伍还走不动，六时左右队伍才在一片混乱中挤出城去。溃逃的敌人沿途抢劫车辆，相互争夺交通工具。武器弹药、辎重物资丢得到处都是，撕打叫骂之声不绝于耳。下关火车站的大厅内，人声嘈杂。二十二日下午，最后一列由南京开往上海的火车，车箱里挤得满满的，连车顶上也爬满了南逃的国民党军。车到镇江，被我人民解放军截住，南京至上海间的铁路交通被切断。南京的国民党“达官贵人”们就抢乘飞机向台湾、上海、广州及华南的大城市逃命。二十三日上午九时，李宗仁见大势已去，也由明故宫机场乘专机飞逃，经过上海逃往桂林。何应钦、顾祝同等也于同日上午逃离南京。

何应钦的公文包（解放军占领南京后从何应钦公馆中缴获）

国民党逃离南京时，对南京进行了破坏。他们放火烧毁了下关火车站的候车厅、光华门外的飞机场和江边码头。富丽堂皇的下关车站大厦，烧得只剩下一个空架子。四月二十三日晚八时，国民党空军撤走时埋在光华门外飞机场的定时炸弹爆炸，漫天大火，夹杂着火药的气息，一直烧了好几个钟头。他们还烧坏了停泊在长江南岸的大小船只，破坏了码头设施。国民党政府的喉舌——《中央日报》在四月二十四日，也直言不讳地承认："政府军于昨日上午十时完成撤退后，把停在江边的"青岛""沪平""三六七""二六一""三五一"等十多只渡船和一百多只民船都用汽油烧化了。"坐落在南京中山路上的大建筑，国民党司法院和司法行政部大厦也被纵火，熊熊的大火从晚上一直烧到次日凌晨。

国民党撤退后，南京大校场飞机场满地都是汽油桶

四月二十三日，南京市各界人士组织的治安维持委员会致电毛泽东主席，要求我军迅速“对南京予以和平接收，以慰民望”。

南京市人民以紧张、迫切的心情，期待着中国人民解放军解放南京。

浦口飞渡

南京市人民当年迎接人民解放军过江的第一艘小火轮是“京电”号。

我三路大军渡江后，战事迅速向敌人纵深发展，残余的国民党军望风披靡，夺路南逃。我第三十五军受命迅速渡江，攻占南京。二十三日上午，部队相继到达浦口，宽阔的长江出现在勇士们的面前，滔滔江水不断东流；下关工厂的楼房和高大建筑物，耸立在对岸的浓烟烈火之中。江南岸的轮船

京电号

在燃烧，冒着烟火的船只顺水向东漂流。我英勇的战士见此情景，真是心急如焚，纷纷要求迅速渡江，解放南京，他们提出了“早一分钟进南京，早一分钟结束蒋介石的反动统治；早进南京一分钟，早使南京人民少受一分钟的损失”的强烈要求。下午一时，第三十五军军部在浦口车站的一所空房子里，召开了一次紧急会议，进一步研究了渡江部署。会上，政治委员何克希同志作了战斗动员，指出：“我们第一步的任务已经完成了。现在东西两路兄弟部队都已胜利地渡过江去，威逼南京。我们应当抓住这一有利时机，迅速渡江进占南京”。并且指出，我们面临着宽阔的长江，困难的是缺乏渡江工具，要求大家必须想尽一切办法，弄到船只。还号召说，哪个部队最先渡过长江，把红旗插上国民党“总统府”，就给哪个部队请功。军部的号召，立即成为全体指战员的战斗行动；寻找渡船，成为全军上下的当务之急。浦口码头工人表示要连夜赶制木筏，送部队过江；部队的战士纷纷召开“诸葛亮会议”，讨论如何乘木筏，如何抢渡，如何强行登陆歼灭敌人等。指战员们开展了渡江作战的革命竞赛。

晚上传来了振奋人心的好消息：第一〇三师侦察部队冒着生命危险，从南岸搞来了一艘小火轮和几只民船。这支侦察部队是在二十三日傍晚从浦口渡过江的。他们冲上江岸，在黑暗中沿着江边搜索着，终于在港汊中找到了两只小木船。他们又来到了下关发电所（今下关发电厂）。护厂的工人们听说人民解放军借船过江，高兴地要把所内的“京电”号小火轮开往浦口，迎接解放军。他们把隐藏在新街口发电所办公大楼里的水手接回厂，迅速发动机器向江北开去。十分钟后，小火轮安然地靠上了北岸。伫立江边的战士们，胜利地欢笑着。军部当即决定，第一〇三师侦察队首先过江进城侦察情况，然后第一〇四师分批过江。午夜时分，已过江的战士，又从江南岸的三岔河找来一只大柴油船。南岸下关码头的水手、民船的船工看到解放军乘船渡过来，都高兴地把他们藏起来的船只从隐蔽处拖出来，开往北岸迎接解放军。他们在仓壁上贴满了欢迎解放军渡江的红绿标语。不肯随国民党军逃走的水上警察局工作人员和水手，也把第二号巡艇开来迎接解放军。茫茫的江面上出现了数不清的船只，满载着英雄的战士，乘风破浪，涌向下关。我第三十五军从二十三日晚八时开始渡江，到指战员大批登上下关码头时，东方已经发白。

红旗插上"总统府"

四月二十三日，我人民解放军胜利占领南京。

我第三十五军原定渡江后的战斗部署是：由先头部队首先控制南京外围高地、山峰，然后在兄弟部队的配合下，围歼南京守敌。第一〇三师渡江后，迅速占领屹立江边的狮子山，控制炮台，并进一步占领水佐岗、清凉山和五台山等城西制高点，从而控制南京中山路、西康路、汉中路以西地区，保护外国使馆区的安全。第一〇四师从南京左侧迂回前进，直插紫金山、红山，并迅速占领紫金山天文台、紫金山四四六高峰和中山陵等地，控制南京城东区。第一〇五师则穿越市区，占领新街口到中山门一线，控制市中心区和光华门外飞机场。

二十四日清晨，一轮灿烂夺目的红日冉冉升起，万道霞光普照大地。我军从下关渡江的消息像春风一样吹遍了南京

解放军占领总统府

南京街头秩序井然的解放军部队

城。全市人民喜气洋洋，心花怒放。他们以无比欢乐的心情拥挤在大街两旁，欢迎人民解放军入城。江岸上挤满了欢迎的群众，江南汽车公司的工人，驾驶着贴有“我们自己的队伍来了！”“欢迎解放军解放南京！”等标语的汽车，开往江边迎接人民子弟兵。南京治安维持委员会也组织了很多车辆，迎接解放军进城。

当我英雄的战士携带着各种轻重武器，迈着雄健的步伐，一行行一列列地通过挹江门，向南京市区前进时，马路两旁已经人山人海。市立中学、剧专、中央大学的学生，扛着红旗，手执三角小旗，高举着标语牌，沿街兴奋地高呼：“欢迎解放军解放南京”“毛主席万岁”“打倒蒋介石”等口号。歌声、口号声、鞭炮声，此起彼伏，经久不绝，震撼着石城上空。下关的码头工人，从江边一直陪送解放军入城。许多市民在马路两旁倒茶送水，并以无限喜悦的心情争相观看解放军的“约法八章”等文告。正在鼓楼医院治疗的“四·一”惨案中负伤的学生，也都忍着伤痛纷纷涌向窗口，向解放军招手欢呼！大街小巷贴满了红红绿绿的标语、宣传画。当英姿飒爽的人民解放军队伍，途经市中心新街口广场时，工人、学生、市民以暴风雨般的欢呼声欢迎自己的队伍。

按照预定计划，我第三十五军军部进驻中山东路三〇七号（原国民党励志社旧址），设立了指挥机构，在军事管制委员会成立之前，统一领导南京市的各项工作，以便有效地控制全城，肃清残敌，确保社会治安。我第一〇五师的一个团，占领了光华门外飞机场；以一个团分驻市中心地区；以一个

二野记者来到总统府“子超楼”

团开到中山门外警戒。

第一〇四师进城后，迅速占领了国民党“总统府”。当我解放军战士冲进大门时，敌人早已逃之一空。战士们穿过二百公尺的长廊，登上蒋介石的办公大楼——“子超楼”时，只见室内文件、表册散落满地，办公桌上的台历才翻到“四月二十二日”。整个国民党“总统府”是一片凌乱不堪的景象，象征着国民党反动统治的崩溃和灭亡。我英勇的人民

解放军通过新街口

解放军战士登上国民党“总统府”的门楼，升起了一面红旗。在灿烂的阳光照耀下，红旗迎风飘扬，显得十分光彩。

我进城部队又迅速开进黄埔路（今解放路）蒋介石的官邸，标着淮海战役形势的巨幅地图还完整地挂在墙上……

南京城终于回到了人民的怀抱。

肃清市区残敌

我大军渡江以后，国民党军队狼狈南逃，部分国民党军队则向我军投降或宣布起义。四月二十三日，国民党海军第二舰队司令林遵将军率领所属舰艇二十五艘在南京东北的笆斗山江面宣布起义，加入中国人民解放军的战斗行列。同日，在镇江江面，国民党舰艇二十三艘也向我军投降。

一九四九年四月二十四日，解放军部队进入挹江门

但是，残留在南京地区的有些国民党军队，仍企图垂死挣扎。当时沿着京杭公路南逃的国民党暂编第四师，逃到江宁县的汤山地区，在走投无路的情况下，要求与我军谈判，借以苟延残喘。我第三十五军军部根据上级指示，将解决这股残敌的任务交给了第一〇五师。师党委对此进行了周密地研究和分析，认为要使这股残敌放下武器，无条件投降，必须采取智取结合强攻。我军首先向他们讲清形势，交代我军政策；接着把他们调离设防坚固的汤山，移驻孝陵卫、中山陵一带；然后再把他们调到江宁县城南的横岭村地区。我第一〇五师的两个团和一个加强营事先就占领了周围的有利地势，对敌人的三个团和直属部队形成分割包围的态势，并立即展开针锋相对的谈判斗争。我军代表，第一〇五师政委宋献璋同志，向他们讲清形势，明确宣布：必须放下武器，无条件投降才是唯一的出路。狡猾的敌人一时蠢蠢欲动，企图持枪反抗。就在那一煞那，我第一〇五师警卫连迅速包围了谈判会场。在一片“缴枪不杀”的喊声中，敌人排长以上的军官全部做了俘虏。其三个团四千余人也被我军分割包围，一枪未放，全部缴械投降。

南京解放后，美国驻国民党政府的大使司徒雷登仍赖在南京不走，正如毛泽东同志在《别了，司徒雷登》一文中讲的，他“希望开设新店，捞一把。司徒雷登看见了什么呢？除了看见人民解放军一队一队地走过，工人、农民、学生一群一群地起来之外，他还看见了一种现象，就是中国的自由主义者或民主个人主义者们也大群地和工农兵学生等人一道喊口号，讲革命。总之是没有人去理他，使得他‘茕茕孑立，形影相吊’，没有什么事做了，只好挟起皮包走路”。

在我大军渡江，南京宣布解放之后，待在奉化溪口的蒋介石，一方面布置国民党军的残部在沪杭一带继续顽抗；另一方面命令其随从搬运东西，连夜疏散，溪口街上汽车拥挤，人喊马嘶，一片混乱。四月二十五日，蒋介石从海上撤退了。

乘胜前进

凯歌响彻环球

四月二十三日，中国人民解放军解放南京。南京市人民终于盼到了解放。

从四月二十四日开始，南京市广大人民群众为庆祝南京解放和慰问人民解放军，连日举行各种庆祝活动，南京变得犹如一个欢乐的海洋，锣鼓喧天，人们欢庆这个盛大的节日。

四月二十四日上午十时，新华社向全国和全世界发布了南京解放的喜讯，立即给全国和全世界人民带来了极大的欢

渡江浮雕

乐和鼓舞。

伟大领袖毛泽东同志看到解放南京的捷报后，挥笔写下了《人民解放军占领南京》的光辉诗篇。

钟山风雨起苍黄，百万雄师过大江。

虎踞龙盘今胜昔，天翻地覆慨而慷。

宜将剩勇追穷寇，不可沽名学霸王。

天若有情天亦老，人间正道是沧桑。

这首诗篇热情地歌颂了人民解放军百万雄师横渡长江和解放南京的伟大历史性胜利，同时也指明了“将革命进行到底”的伟大战略思想。

当各个战场上的广大指战员收到毛泽东同志这首诗词电文时，全军上下、欢呼若狂，倍受鼓舞。他们一致表示，誓将革命进行到底，把残余敌人消灭干净！

解放军在总统府

渡江胜利纪念章

中共中央、各人民团体、各民主党派、人民解放军各部队和各地党政机关纷纷打电报，祝贺第二、第三两野战军解放南京的胜利。中共中央的贺电指出："南京迅获解放，国民党反动派从此宣告灭亡。江南千百万人民迅即重见天日，全国欢腾，环球鼓舞。此皆我前线战士英勇善战，后方军民努力支援，江南人民奋起协助，其他野战军、地方军一致配合行动所获的结果。当此伟大节日，中国共产党中央委员会特向你们致以热烈祝贺。"第一野战军全体指战员、晋绥解放区党政军领导机关、中共中央东北局、东北行政委员会、东北军区、中共中央中原局、中原临时人民政府、中原军区、全国总工会等许多单位，也都发来贺电，一致指出："你们的伟大胜利和历史壮举，毫无疑问地标志着旧中国的最后死亡，新中国的迅速诞生与成长"，"捷音传来，全国欢腾"。四月二十五日，各

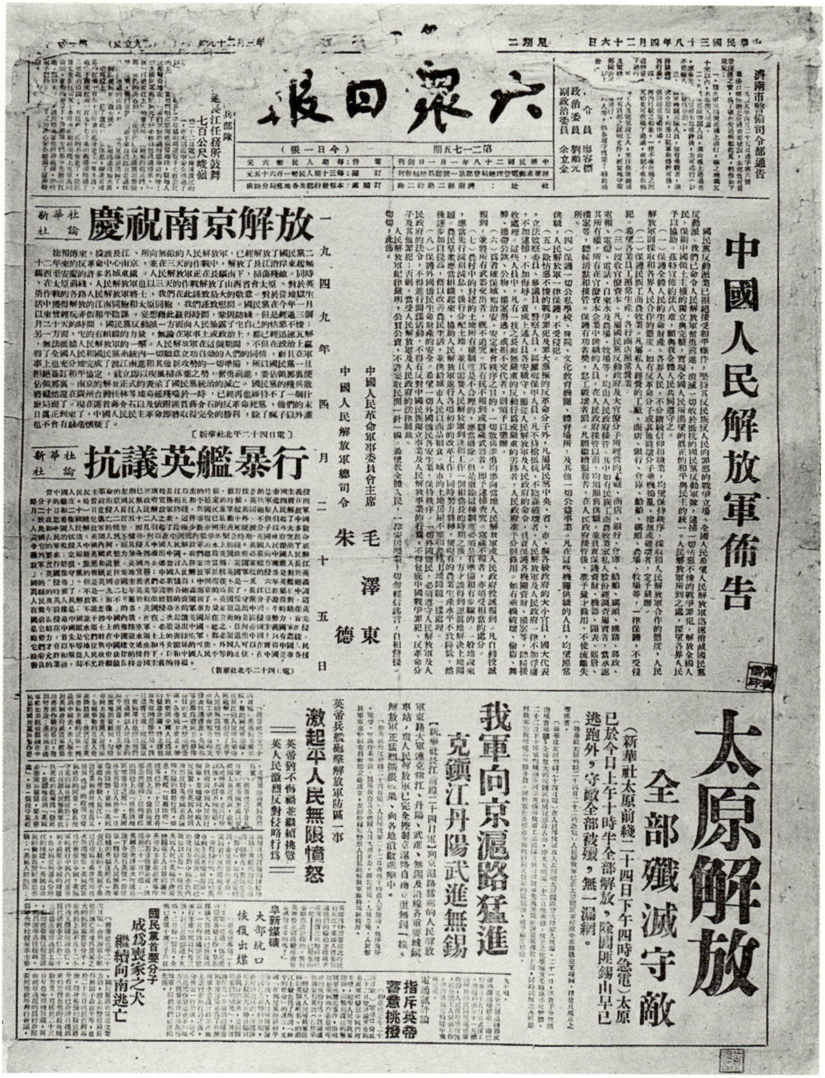
大眾日報

中華民國三十八年四月二十六日　星期二

第二一七五期

濟南市警備司令部通告

中國人民解放軍佈告

一九四九年四月二十五日

中國人民革命軍事委員會主席　毛澤東

中國人民解放軍總司令　朱德

慶祝南京解放

新華社社論

抗議英艦暴行

新華社社論

太原解放

全部殲滅守敵

（新華社太原前綫二十四日下午四時急電）太原已於今日上午十時半全部解放，除閻匪錫山早已逃跑外，守敵全部被殲，無一漏網。

我軍向京滬路猛進

克鎮江丹陽武進無錫

【新華社長江前綫二十四日電】向京滬路猛進的人民解放軍東路大軍連克鎮江、丹陽、武進、無錫及沿線各重要城鎮車站，現人民解放軍已完全控制京滬路自南京至無錫一段。解放軍正猛烈擴張戰果，向各地潰敵追擊中。

英帝兵艦砲擊解放軍防區一事

激起平人民無限憤怒

英帝猶不悔禍並繼續挑釁

英人民激烈反對侵略行為

阜新煤礦

大部坑口

恢復出煤

指斥英帝

蓄意挑撥

國民黨首要分子

成爲喪家之犬

繼續向南逃亡

《大众日报》二一七五期报道南京解放版面

0000001

歡迎解放軍進城

中國民主同盟告南京市同胞書

本市各位父老們：

今天是中國人民解放軍偉大勝利的日子，今天是南京人民以歡欣鼓舞的心情迎接中國人民革命勝利的一天，今天也是新生的南京在人民革命政權到來以後開始民主的自由的生活的一天！從今天起，以四大家族爲首的專橫暴霸的蔣介石法西斯政權被人民革命力量從南京驅逐出去了。從今天起，那個腐敗透頂的特權階級的集團不能再繼續在南京殘害蹂躪善良的南京人民了。今天，那些執行三徵政策，魚肉人民，印發不值錢的金圓券吸收人民血汗，毫無忌憚地（在五、二〇和四、一）屠殺青年學生的劊子手們，已經遭遇到消滅的命運，全世界的人民，都看到中國人民革命力量，在解放濟南平津等大都市以後，得到又一次的更偉大的勝利。這個勝利不只是人民解放軍的勝利，也不只是中國共產黨，中國民主同盟以及一切民主黨派所領導中國人民民主革命的勝利，這是熱愛自由的全中國的善良人民的勝利。

在今天，我們要努力擁護中國人民解放軍進一步擴大現階段民主勝利的成果，由南京以至於上海，以至於武漢、廣州、廈門、台灣、全中國！我們要努力贊助中國人民革命力量進一步肅清並消滅一切潛伏的隱藏的國民黨僞政權的支持者，肅清並鏟除一切勾結封建勢力以及美國帝國主義狼狽爲奸的法西斯反動份子，實現全中國的和平，團結、民主、進步！

在今天，我們要努力安定人心，恢復正常生活。我們大家的責任是重建秩序，恢復生產，共同建設一個民主、和平、統一、進步的國家。

在這個大轉變的時候，我們善良的市民們要各安生業，絲毫不用驚慌妄動，以致坐中反動的僞政權臨去時遺留下的奸計。革命的中國人民民主政權，是絕對愛護一切善良同胞人民的，是絕對尊重工商私人財產的，是保障民族工商業的，是絕對講理的，是絕對要依照合理的程序建設一個新南京的。我們誠懇的號召全南京的市民們，大家一齊起來支持人民自己的革命政權，擁護人民自己的革命事業，將發動內戰殘害人民蔣介石法西斯政權徹底消滅，一切民主的黨派繼續共同努力，建設一個民主、進步、富強康樂的新南京，新中國！

慶祝南京解放！
慶祝人民民主革命的偉大勝利！
支援人民解放軍解放全國！
沒收四大家族的財產！
捉拿匪首蔣介石李宗仁！
保護工廠物資以便民主政府接收！
廢除蔣美所訂賣國條約！
中國民主同盟萬歲！
中國民主勝利萬歲！

歡迎人民解放軍！
人民解放軍是人民自己的武力！
中國人民革命的勝利是帝國主義者的喪鐘！
澈底消滅國民黨反動賣國政府的殘餘勢力！
蔣介石李宗仁都是美國帝國主義的走狗！
請南京市民一致協助人民解放軍辦理接收！
中國民主同盟是中國人民革命的基本隊伍！
中國共產黨萬歲！

向人民解放軍敬禮！
人民解放軍是城市工商業的保護者！
中國人民的勝利就是世界民主的勝利！
檢舉屠殺人民的國民黨的特務分子！
嚴懲屠殺愛國學生的張耀明！
市民一致起來建設新南京！
民主黨派聯合起來共同完成革命建國的大業！
中國各民主黨派萬歲！

中國民主同盟南京市支部印發

一九四九年四月廿四日

《欢迎解放军进城——中国民主同盟告南京同胞书》

民主党派联名向毛泽东主席和朱德总司令致电，祝贺南京解放。贺电说："人民解放军全体指挥员、战斗员，鼓勇救民，所向无前……进灭反动，群情鼓舞。投鞭断流，何有天堑？未及三朝，伪都即破，征诸自古，无此丰功。"

全国各解放区的广大人民群众听到南京解放的喜讯，更是欢欣鼓舞。消息传到了哪里，哪里就是一片欢腾。四月二十四日，北平的人民争先恐后地抢看庆祝南京解放的号外。工人、居民、店员和学生，纷纷走上街头，在欢呼声中跳起舞来。消息传到东北，二十五日这一天，沈阳全市举行了庆祝游行，游行队伍整日不断，"庆祝南京解放""支援人民解放军打到广州去"的口号声震撼着这个工业城市。延安、张家口、石家庄、唐山、济南、锦州等城市的工人、学生和市民，连日来

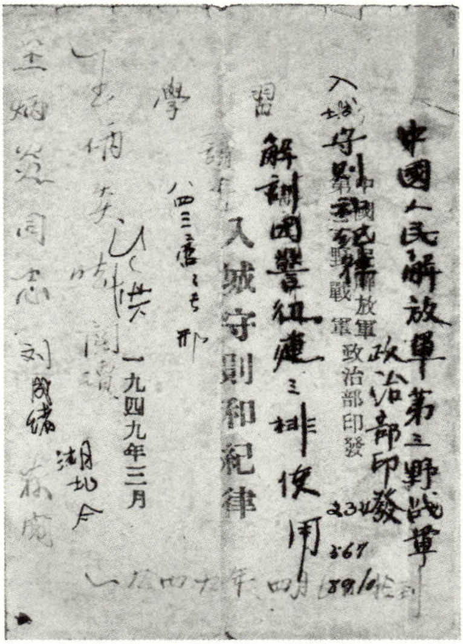

中国人民解放军第三野战军政治部印发的《入城守则和纪律》

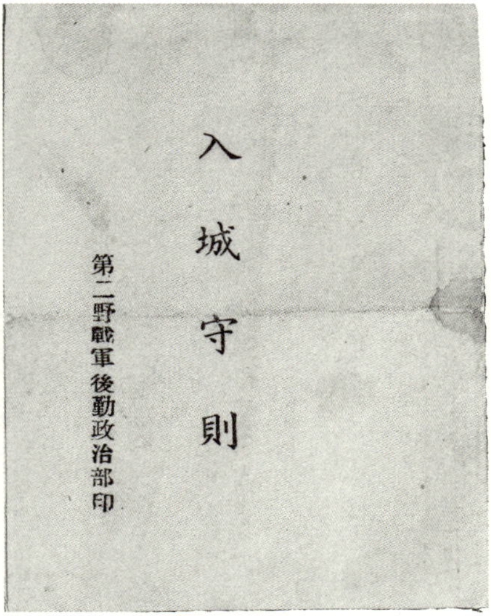

中国人民解放军第二野战军后勤政治部印制的《入城守则》

不断举行庆祝游行。济南铁路工人为庆祝南京解放，赶修“江南”号机车，以便早日开到江南去，支援南下大军。在解放区的农村，农民群众也加倍努力生产，支援前线。

解放南京的消息传到了正在巴黎和布拉格召开的世界和平大会的会场时，来自世界各大洲的七十二个国家的和平代表团都为此起立，长时间的欢呼。特别是有中国代表团参加的布拉格和平大会，各国代表把中国代表团团长郭沫若高高举起，欢呼长达二十分钟之久。会后举行了庆祝游行，各国代表手挽着手，高唱“自由中国之歌”。世界各国的革命人民，为中国人民解放战争的胜利欢欣鼓舞，大为赞扬，纷纷发表评论。有的指出：“在广大战线上强渡长江及解放南京，是中国民主力量在内战整个进程中的最伟大的胜利，这一胜利对于在中国奠定和平与民主将有决定的意义。”有的指出：“中国反动派在军事上的失败，不仅说明腐朽制度的破产，同时也表示中国反动派的主人——美帝国主义的失败。”还有的指出：“它必将加速亚洲各被压迫民族解放运动的进程。南京的解放，使帝国主义锁链的一个主要环节宣告粉碎了。”

南京解放，标志着半殖民地半封建旧中国的国民党政权的覆灭，也标志着伟大的中国新民主主义革命取得了基本的胜利。一个新的历史时代即将在中国的大地上开始。

人民政权的诞生

为了消灭残余敌人，建设新南京，四月二十八日，成立了中国人民解放军南京市军事管制委员会。刘伯承同志任主

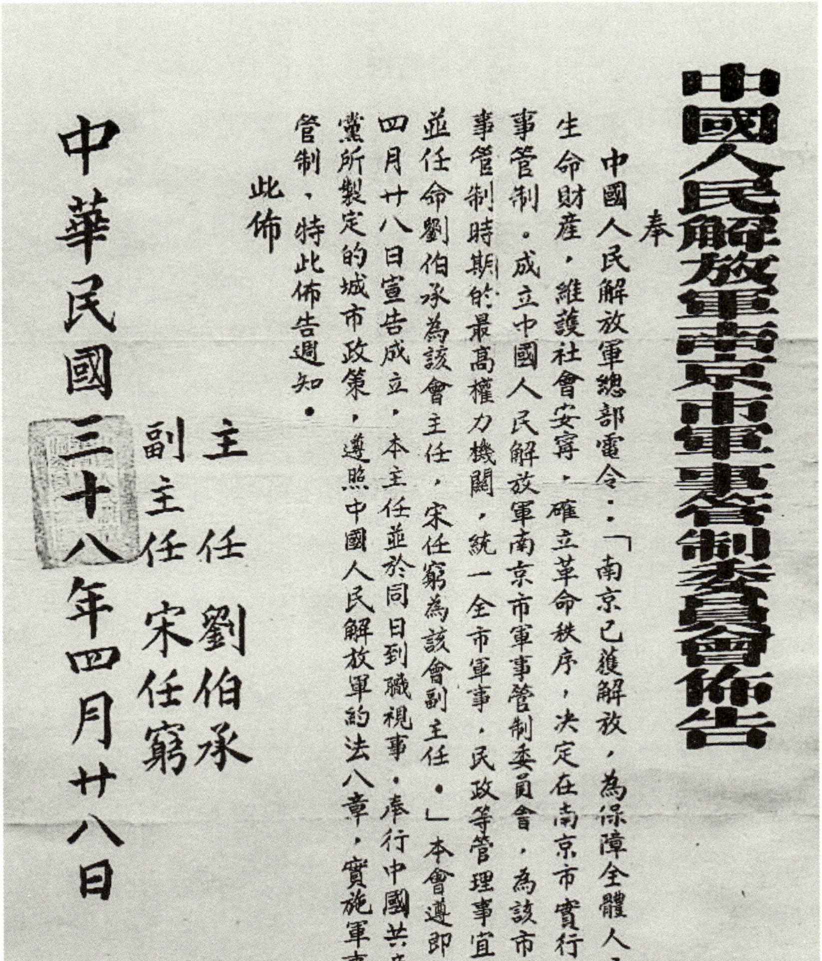

中國人民解放軍南京市軍事管制委員會佈告

奉

中國人民解放軍總部電令：「南京已獲解放，為保障全體人民生命財產，維護社會安寧，確立革命秩序，決定在南京市實行軍事管制。成立中國人民解放軍南京市軍事管制委員會，為該市軍事管制時期的最高權力機關，統一全市軍事、民政等管理事宜。並任命劉伯承為該會主任，宋任窮為該會副主任。」本會遵即於四月廿八日宣告成立，本主任並於同日到職視事，奉行中國共產黨所製定的城市政策，遵照中國人民解放軍約法八章，實施軍事管制，特此佈告週知。

此佈

主任 劉伯承

副主任 宋任窮

中華民國三十八年四月廿八日

南京市军管会布告

任，宋任穷同志任副主任。在广大人民的热情支持下，南京市军事管制委员会，担负起临时治理南京的重任。

国民党反动派在逃离南京时，曾布置了许多潜伏特务，留下了大批散兵游勇。南京解放后，他们又不断从台湾、舟山、上海派遣特务来宁蛰伏。这些潜伏的国民党特务，他们利用各种关系，采用各种方式，伺机进行反革命破坏活动。还有一部分国民党的武装特务，招揽原国民党机关和反动军队的游散人员及盗匪流氓，妄图实行所谓“敌后游击”。因此，南京解放后，对敌斗争的任务仍相当艰巨。

为了彻底消灭残余敌人，根除他们的破坏活动，稳定社会秩序，迅速地恢复城市工作，人民解放军占领南京后，由第三十五军保卫南京城。我军将南京分成三个警备区，每个师负责一个区的警备任务。

五月一日，在中共中央华东局直接领导中下，中共南京地下市委和随军南下的中共南京市委，召开了胜利会师庆祝大会。总前委和第二、第三野战军的首长们参加了会议。会上，表彰了广大军民和中共南京市地下组织在渡江和解放南京的战斗中所做的贡献。会议一致表示，要响应党中央和毛泽东同志的号召，坚决、彻底、干净、全部消灭残敌，迅速恢复生产、支援前线，为建设一个新南京而努力奋斗！

同一天，经中共中央批准，在中共中央华东局的直接领导下，正式成立了中共南京市委，刘伯承、宋任穷同志分别任正副书记。接着，于五月十日成立了南京市人民政府，刘伯承、宋任穷同志分别兼任正副市长。从此，南京市人民建立起

政治宣传画

了自己的政权。在南京市人民政府的领导下，又于六月三日成立了市区的十三个区人民政府，在郊区也彻底废除了国民党政府的保甲制度，于八月中旬建立了人民的基层政权。

在中共南京市委的领导下，南京市人民政府和南京市军管会，从五月十三日起，联合举行了工人、学生、文化科学界、工商界代表的座谈会。会上,代表们纷纷表示热烈拥护新市委和市人民政府,决心在市委和市人民政府的领导下,克服各种困难,为尽快地恢复生产,建设人民自己的新南京而努力奋斗。

新征途上的第一步

南京解放以后,南京市军管会根据“中共中央华东局关于接管江南城市的指示”,接管了国民党政府所属的一切军事、政治、经济、文化等机关的全部资产和物品。自五月一日起,先后接管了国民党中央各部、院、会、党、团、宪、警和特务机构等共七百四十九个单位,国民党地方机构一百七十四个单位,并立即命令解散国民党、三青团、青年党、民社党和国民党特务机关等组织,严禁他们继续进行任何活动,没收其所有的公产、档案。从此,人民的铁拳彻底砸碎了这些过去压迫人民的统治机构。

南京市人民政府和南京市军管会,坚决镇压那些怙恶不悛的反革命分子。经过群众的检举和公安机关全面深入地侦察,许多反革命组织陆续被破获,继续进行反革命活动的反革命分子也被就擒归案。到一九五〇年四月,共破获重大特务案件一百二十四起,逮捕国民党特务四百余人,缴获电台二十三部和大批枪枝弹药、密码文件、器材,给予残余的反革命分子以严重的打击,保卫了新生的人民政权。

为了迅速恢复城市生产,稳定社会秩序,巩固新生的人民政权,南京市军管会没收了官僚资本主义的工矿企业。南

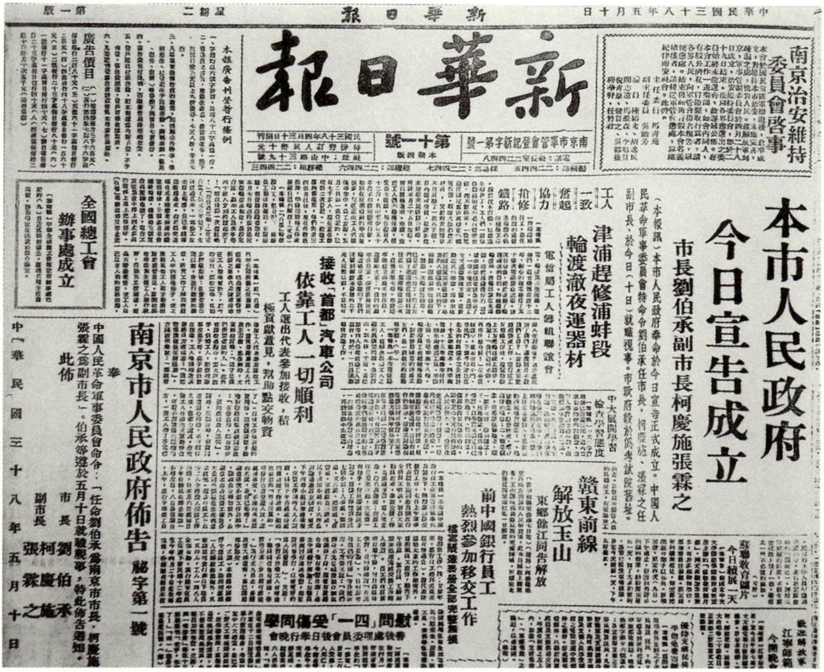
中華民國三十八年五月十日 星期二 第一版

新華日報

南京治安維持委員會啓事

本市人民政府今日宣告成立

市長劉伯承副市長柯慶施張霖之

（本報訊）本市人民政府奉命於今日宣告正式成立。中國人民革命軍事委員會特命劉伯承任市長，柯慶施、張霖之任副市長，於今日（十日）就職視事。市政府設於偽考試院舊址。

津浦趕修浦蚌段 輪渡澈夜運器材

接收「首都」汽車公司 依靠工人一切順利

贛東前線解放玉山

前中國銀行員工熱烈參加移交工作

全國總工會辦事處成立

南京市人民政府佈告 秘字第一號

奉

中國人民革命軍事委員會命令：「任命劉伯承為南京市市長，柯慶施、張霖之為副市長」。伯承等遵於五月十日就職視事，特此佈告週知。

此佈

市長 劉伯承

副市長 柯慶施 張霖之

中華民國三十八年五月十日

《新华日报》关于南京市人民政府成立的报告

京市的官僚资本主义的工矿企业为数不多，连同军事工厂在内，全市总共只有三十八个厂矿单位。这些厂矿的生产规模一般比较小，一百二十万人口的南京市，产业工人只有二千人左右。相反，它们的管理机构却相当庞大，充分体现了落后的官僚机构的特征。根据中共中央华东局的指示，在接管中采取了“按照系统、整套接收、调查研究、逐步改造”的方针，对于这些企业中的旧职人员，除少数反革命分子、破坏分子和劣迹昭著者以外，一律保持原职原薪。在没收过程中，实行自上而下的接收和发动群众自下而上的审查、检举相结合的原则。由于正确地执行了党的政策,又有了广大职工的积极支持,绝大多数企业很快就恢复了正常生产和工作。这些官僚资本主义企业被没收以后,变成了社会主义的国营经济,极大地巩固和扩大了人民政权的经济基础。

金融市场的稳定,直接关系着生产建设的恢复和发展,关系着人民生活的改善和提高,也是巩固人民政权的一个重要问题。南京解放后,为了使人民币独占市场,南京市人民政府对国民党政府发行的金圆券,采取了以排斥为主,以收兑为辅的方针。在收兑工作中,基本上照顾了工人、学生、贫苦市民和公教人员的利益。随着国民党政府的垮台,金圆券在人民心目中失去信仰,使排斥金圆券的工作得以顺利进行。自一九四九年五月二日至五日,短短的四天时间,就基本上肃清了市场上的金圆券。之后,银元成了人民币进入市场的主要障碍。由于银元有实物价值,在群众中有传统的信用;同时,人们经历过日伪和国民党统治时的通货膨胀的痛苦,形成重物轻币的心理。因此,军管会动员全市党政军民拒用银元,取缔银元市场,教育和惩处了银元贩子,基本上清除了银元投机,使金银再不能直接影响物价,在这个基础上,人民币便独占了市场。

在文化教育方面,对于国民党的宣传机构,如《中央日报》《和平日报》《救国日报》等报纸,“中央社”和“正中书局”“中国文化服务社”“独立出版社”“拔提书店”等新闻出版机构,接管后立即封闭;同时,于一九四九年五月,南京《新华日报》创刊,新华书店也设立了。从而建立了宣传社会主义文化的阵地。

人民政府还接管了国民党政府主办的科学研究和文物机关等三十六个单位、大专院校十三所、中学十六所、小学一百七十三所。对于这些单位，一般都保存下来。文化机关恢复工作，学校继续上课。但是这些旧学校过去是国民党掌管的，因此接管后必须进行改革。根据逐步改造、稳步前进的方针，首先废除了原有的训导、军训、童训以及学校内的保甲等制度与组织，取消了的“公民”“党义”等课程，清除了学校教职员中的国民党特务分子，同时开设了革命的政治课，有步骤地进行了一些初步改革。

千里追歼

人民解放军百万雄师横渡长江，国民党政府的所谓“千里江防”全线崩溃。芜湖、南京、镇江一线的残敌，除少数逃往上海外，一部分被歼灭，大部分被迫沿京杭公路、芜杭公路向杭州方向狼狈逃窜。芜湖以西的残敌，则向浙赣线溃逃。敌人仍妄想以上海为中心，以钱塘江和浙赣线为防线，继续阻滞人民解放军进军。针对敌人的这种企图，我人民解放军除留守一部担任南京、镇江、芜湖等地的警备任务外，主力则以雷霆万钧之势，分路疾进，追击逃敌。各路追击部队，不为小股掩护之敌所阻，不为成群逃散之敌所惑，不为缴获所拖累，不为大小城镇所阻留，不怕山高路窄，不顾阴雨连绵，猛追猛打，直到把残敌消灭干净。与此同时，人民解放军在各条战线上展开了向全国的英勇进军。

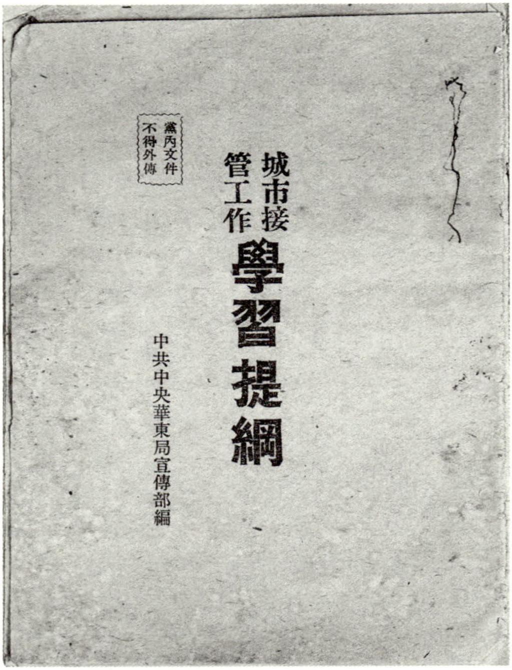

《城市接管工作学习提纲》

第三野战军所属两路大军，突破敌人江防后，即以吴兴、长兴为目标，施行钳形攻势。第九兵团沿宣城、广德线向长兴、吴兴疾进；第七兵团主力进至宣城、宁国、广德之间地区集结待命；第十兵团除一部沿京沪路向东攻击并警戒上海方向之敌外，主力和第八兵团一部沿太湖西侧，以长兴、吴兴为目标，向南疾进；第八兵团的另一部分，分别警备南京和镇江。二十四日，第八兵团一部解放句容。二十六日，在溧阳以西歼敌二万余人，切断了京杭公路。溃逃的国民党军在人民解放军的疾速追击之下，丢盔弃甲；京杭公路上堆满了敌人的大炮、车辆、辎重和各种物资，狼藉不堪。由于人民解放军截断了京杭公路，逃敌在宜兴、溧阳以西转入山区，改由小道逃窜。二十六日夜，第九兵团和第十兵团的先头部队于长兴胜利会师，实现了对京沪杭残敌的分割包围。芜、京、镇一线逃敌被团团包围在宜兴、溧阳、郎溪、广德之间的山区。溃逃之敌毫无斗志，只要听到人民解放军的喊声，就吓得丧魂落魄、乖乖地缴械投降。人民解放军满山遍野，像抓野兔一样，俘敌近十万人。二十九日，胜利结束战斗。五月三日，第七兵团一部解放杭州。与此同时，第十兵团一部也于四月二十六日解放无锡，二十七日解放苏州。残余敌人被挤压在淞沪

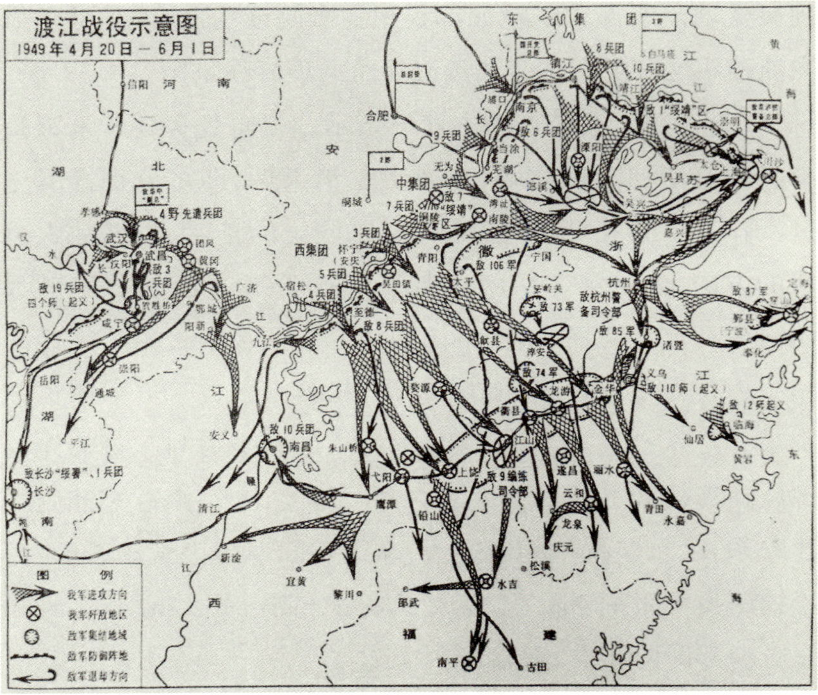

渡江战役示意图

地区。

第二野战军主力则以歙县和浙赣线上的上饶、贵溪为追击目标。各兵团分成多路，齐头并进。一路上，他们看到溃逃的敌人压迫人民群众的悲惨情景，更激起了对敌人的无比仇恨。他们不顾劳累，日夜兼程，渴了，喝碗山溪水；饿了，吃把炒米。从军、师指挥员到每个战士只有一个目的：追击！追击！早日消灭残敌。他们每日以一百至一百五六十里的速度，冒着连绵不断的阴雨，踏着泥泞的道路，翻山越岭，抢占要地。五月一日，二野各兵团在江南人民和游击队的配合下，控制了屯溪、婺源、乐平一线，歼灭了大量敌人，完全粉碎了国民党刘汝明部和侯镜如部妄想控制皖浙山区、掩护敌主力在浙赣线展开的企图。残敌又纷纷向浙赣线逃窜。

正当此时，毛泽东同志发出指示："二野任务在于歼灭皖南、赣东、浙西三区之敌，以便敌军消灭后，即可分别开展三区工作。"二野指战员，遵照毛泽东同志的指示，根据敌人逃窜的方向，确定第三兵团向浙赣线的义乌至龙游段、第五兵团向衢县至上饶段、第四兵团向横峰至东乡段进击。第四兵团主力首先于五月四日到达贵溪、横峰地区；三、五兵团也分别于五月六日进抵金华、衢县地区。二野主力与三野的先头部队在浙赣线上的诸暨胜利会师。至此，人民解放军控制了西起东乡，东至杭州的浙赣线，从而切断了国民党汤恩伯、白崇禧两大集团军的联系，完成了战略分割任务。继之，二野和三野一部即向浙南、闽北、赣中挺进。

在此期间，第四野战军先遣部队（第十二兵团）和中原军

華東郵政
南京上海解放紀念
壹圓 —1949— 1.00
貳圓 —1949— 2.00
伍百圓 —1949— 500
伍圓 —1949— 5.00
拾圓 —1949— 10
叁拾圓 —1949— 30
伍拾圓 —1949— 50
壹百圓 —1949— 100

南京、上海解放纪念邮票

区部队陈兵汉口以东地区，对武汉敌人进行箝制。当第二野战军切断了浙赣线以后，也于五月十五日，从九江至武昌之间胜利渡江，歼灭了国民党白崇禧部队一部，并于五月十六日、十七日解放了武汉三镇。第二野战军为了配合第四野战军先遣部队渡江作战，于五月十七日解放了九江，二十二日解放了南昌。

人民解放军在追歼逃敌中，受到了江南广大人民群众的热烈欢迎。人民解放军每到一地，群众都结队相迎。有的城镇早有准备，大军一到，就张灯结彩，插上红旗，燃放鞭炮，街上到处贴着红绿标语，送来各种慰劳品，就是在广大的农村和山区，也到处设有茶水站。这真是：

大军分路赴南征，父老壶浆夹道迎。

春风吹暖长江水，端为英雄濯马缨。

特别是坚持斗争多年的苏浙皖游击队，他们配合大军到处袭击、阻滞敌人，为人民解放军带路，维持地方治安，起了一定的积极作用。

人民解放军在渡江和追击中，已把国民党汤恩伯部的大部分歼灭。汤恩伯收集残部二十余万人继续盘踞在淞沪地区，妄想以此为据点，等待时机，卷土重来。蒋介石曾命令他要不惜一切代价，死守上海六个月到一年。为了彻底歼灭敌人，粉碎敌人的图谋，第三野战军主力于五月十二日发起了淞沪战役。二十七日解放了上海，歼敌十五万多人。汤恩伯率残敌一部从海上逃往台湾。

至此，一个多月的伟大渡江战役取得了辉煌的胜利。这次战役，歼敌四十余万，解放了长江中下游许多名城重镇和苏、浙、皖、赣、闽、鄂等省的广大地区。这就为彻底消灭国民党残余军事力量，解放全中国创造了极为有利的条件。

此后，我人民解放军在不到半年的时间里，胜利地解放了全国的大部分地区。一九四九年十月一日，全国人民在胜利的欢呼中迎来了中华人民共和国的成立。

"南京稀见文献丛刊"

已出书目

14.《金陵世纪·金陵选胜·金陵览古》

（明）陈沂；（明）孙应岳；（清）余宾硕

15.《后湖志》 （明）赵官等

16.《金陵旧事·凤凰台记事》 （明）焦竑；（明）马生龙

17.《金陵琐事·续金陵琐事·二续金陵琐事》 （明）周晖

18.《客座赘语》 （明）顾起元

19–21.《金陵梵刹志》 （明）葛寅亮

22.《金陵玄观志》 （明）葛寅亮

23.《留都见闻录·金陵待征录》 （明）吴应箕；（清）金鳌

24.《板桥杂记·续板桥杂记·板桥杂记补》

（明末清初）余怀；（清）珠泉居士；（清末民初）金嗣芬

25.《建康古今记》 （清）顾炎武

26.《随园食单· 白门食谱· 冶城蔬谱· 续冶城蔬谱》

（清）袁枚；（民国）张通之；（清末民初）龚乃保；（民国）王孝煃

27.《钟山书院志》 （清）汤椿年

28.《莫愁湖志》 （清）马士图

29.《金陵览胜诗考》 （清）周宝偀

30.《秣陵集》 （清）陈文述

31.《摄山志》 （清）陈毅

32.《抚夷日记》 （清）张喜

33.《白下琐言》 （清）甘熙

34.《灵谷禅林志》 （清）甘熙、谢元福，（民国）佚名

35.《承恩寺缘起碑板录· 律门祖庭汇志·扫叶楼集·金陵乌龙潭放生池古迹考》

（清）释鹰巢；（清末民初）释辅仁；（民国）潘宗鼎；（民国）检斋居士

36.《教谕公稀龄撮记·可园备忘录·凤叟八十年经历图记》

（清）陈元恒，（清末民初）陈作霖；（清末民初）陈作霖，

（民国）陈祖同、陈诒绂；（清末民国）陈作仪

37–39.《南京愚园文献十一种》 （清）胡恩燮，（民国）胡光国 等

《白下愚园集》 （清）胡恩燮等，（民国）胡光国

《白下愚园续集》 （清）张之洞等，（民国）胡光国

《白下愚园续集（补）》 （清）潘宗鼎等，（民国）胡光国

《愚园宴集诗》 （清）潘任等

《白下愚园题景七十咏》 （清）胡恩燮，（民国）胡光国

《愚园楹联》 （民国）胡光国

《白下愚园游记》 （民国）吴楚

《愚园题咏》 （民国）胡韵蕖

《愚园诗话》 （民国）胡光国

《愚园丛札》 佚名

《灌叟撮记》 （民国）胡光国

40.《江宁府七县地形考略·上元江宁乡土合志》 （清末民初）陈作霖

41–42.《金陵琐志九种》 （清末民初）陈作霖，（民国）陈诒绂

《运渎桥道小志》 （清末民初）陈作霖

《凤麓小志》 （清末民初）陈作霖

《东城志略》 （清末民初）陈作霖

《金陵物产风土志》 （清末民初）陈作霖

《南朝佛志寺》 （清末民初）孙文川，陈作霖

《炳烛里谈》 （清末民初）陈作霖

《钟南淮北区域志》 （民国）陈诒绂

《石城山志》 （民国）陈诒绂

《金陵园墅志》 （民国）陈诒绂

43–44.《秦淮广纪》 （清）缪荃孙

45.《盋山志》 （清）顾云

46.《金陵关十年报告》 （清末民国）金陵关税务司

47.《金陵杂志·金陵杂志续集》 （清末民初）徐寿卿

48.《新京备乘》 （民国）陈迺勋，杜福堃

49.《金陵岁时记·岁华忆语》 （民国）潘宗鼎；（民国）夏仁虎

50.《秦淮志》 （民国）夏仁虎

51.《雨花石子记》 （民国）王猩酋

52.《金陵胜迹志》 （民国）胡祥翰

53.《瞻园志》 （民国）胡祥翰

54.《陷京三月记》 （民国）蒋公穀

55.《总理陵园小志》 （民国）傅焕光

56.《金陵名胜写生集》 （民国）周玲荪

57.《丹凤街》 （民国）张恨水

58.《新都胜迹考》 （民国）周念行，徐芳田

59.《金陵大报恩寺塔志》 （民国）张惠衣

60.《万石斋灵岩大理石谱》 （民国）张轮远

61.《明孝陵志》 （民国）王焕镳

62.《金陵明故宫图考·南京明故宫制度与建筑考》

（民国）葛定华；（民国）朱偰

63.《冶城话旧·东山琐缀》 （民国）卢前

64.《首都计划》 （民国）国都设计技术专员办事处

65.《总理奉安实录》 （民国）总理奉安专刊编纂委员会

66–67.《总理陵园管理委员会报告》 （民国）总理陵园管理委员会

68.《新南京》 （民国）南京市市政府秘书处

69.《京话》 （民国）姚颖

70.《南京概况》 （民国）书报简讯社

71.《渡江和解放南京》 张宪文等

72.《骆博凯家书》 〔德〕骆博凯

73.《外人目睹中之日军暴行》 〔英〕田伯烈

74.《南京》 〔德〕赫达·哈默尔，阿尔弗雷德·霍夫曼